1冊でわかる
ポケット教養シリーズ

美しい日本の言葉と音

谷本聡美

YAMAHA

目次

古典の響き

魂を吹き込む

日本語と戯れる

感性に耳を澄ます

はじめに

耳を澄ます、耳を傾ける、耳をそばだてる、聞き耳を立てる、耳にとめる、耳に入る、聞き分ける、聞き知る、傾聴。

「聞く」という動作やその心情をあらわす言葉が日本語にたくさんあるわけは、耳から入ってくる「音」に、機微に富む日本文化の情報が豊かに含まれているからではないでしょうか。

日本語は表記に、漢字、ひらがな、カタカナという三つの文字を使う特殊な文化を持っています。しかし、中国から漢字が入る以前の古代の日本には文字がなく、人々は言葉を音声のみであらわしていました。

昔から日本人は、豊かな自然と四季に恵まれた土地で、自然の音を多く聞きとってきました。農耕民族でありながら、山の民でも海の民でもあり、北はアイヌ文化、南は琉球文化も併せ持ち、渡来の文化も吸収してきたのです。そして、それぞれの土地で育まれた人々の生活は、時の流れとともに文化を形作りました。

その生活文化を母体とし、発展を遂げた言語は、単なる意味の伝達ではなく、より深く物事を捉えたうえで伝えるという役割を担いました。物語を読んでいる時など、目で追う文字から音が聞こえてくることがあります。そして、文章の背後には、力ある言葉の魂のような存在を感じとれます。

その情動を再び言葉に還元し、いっそう耳を澄ませ、言葉をやりとりすることで、私たちは伝え合う感性を磨いてきました。そうして、多くの人々の感性が響き合い、共感したものが伝統芸能として受け継がれてきたのではないかと思われます。

私たちの身の回りには、随所に豊かな歴史と文化が息づいています。

私は歴史や文学を入口にして、日本の音楽や古典芸能に興味を持つようになりました。初めの頃は、舞台や装束などの視覚的な美しさに惹かれましたが、そのうち、その空間に身を置いた自分の感覚が、いきいきとしてくる不思議さを感じるようになりました。長い歴史の、ある一点のその日に演者がいて、自分がいて、来合わせた人々と感動を共鳴し合うこと、空間を満たし、余韻を残して消えてゆく音色の記憶は、いっときでありながら時空を超えた深い語り掛けの情景となります。

そのような、時を超えて音と重なり記憶される情景というものは、誰しも子どもの頃を思い出す時に感じるのではないでしょうか。チャイムの音と給食の匂い、水しぶきとプールの歓声、秋空と虫の声、雪の音、風の音。それらの音の記憶が幼い過去からの語り掛けであるなら、あのさらに深く、懐かしい音の記憶はどこからやってくるものなのでしょうか。

自身の経験とこれまでに得た知識を合わせると、子ども時代に楽しんだ言葉遊びや、それに連なる情景と、今楽しんでいる古典芸能は、もとをたどれば同じ大きな日本文化の流れであるような気がします。その畔《ほとり》に育った私は、ようやく、歴史と文化の受け手となり、豊かな世界への招待状を手にしました。

本書は、今まで私が興味深い音と出会ったときのノートから構成されています。より正確で詳しいことなら多くの専門書がありますが、本書が古来、日本人に愛でられてきた音と言葉の文化に興味を持っていただく小さなきっかけとなり、さらに古典芸能のおもしろさを身近に感じていただく一歩になれば幸いに思います。

自然に耳を傾ける

― うのはなくたし 雨の音 ―

くれなゐの二尺伸びたる薔薇《ばら》の芽の針やはらかに春雨の降る　正岡子規

新しい芽が伸びる頃の春の雨は、とても細かくて優しく降ります。このように雨で静けさを感じるというのは、なかなかおもしろいことです。私たちはふだん、雨といえば音の方に耳を澄ましているからです。

ふつう、雨の降り始めは「ぽたっと一粒落ちて、ぽつぽつ降ってきた」であり、夕立の場合は「雨粒がポタポタッと落ちてきたと思ったら、ザアザア降りになった」ではないでしょうか。

日本人は昔から四季の中で、田を耕し、畑の作物を育ててきました。どの民族でも、その地の生活に深く関係するものは語彙《ごい》が豊かですが、日本語の場合は、自然や天候、農耕に関する語彙、中でも雨に関する語彙はかなり多くあります。雨そのものがなじみの深いものだからか、現代でも演歌・歌謡曲、そして若い人のJ－POPにも、歌詞に雨が入っているものがたくさんあります。

季節ごとの特徴ある雨といえば「春雨《はるさめ》」「五月雨《さみだれ》」「夕立」「梅雨《ばいう》」など、今でも使われる言葉で何種類もあります。青梅の実が熟する時に降る雨を意味する「梅雨」は「梅雨前線」などの語で一般的ですが、反対に「うのはなくたし」は若い人には知られていません。五月雨の古名、「うのはなくたし」は初めて聞いた時に奥ゆかしい響きに聞こえたので、後に「卯の花腐し」という、文字通り卯の花を腐らす雨というぴったりの意味の漢字を知って、少し残念に思いました。

また、雨の降り方の強弱でも、小降りの雨を「小雨《こさめ》」や「春雨」「霧雨《きりさめ》」といい、強い降りの雨を「本降り」「大雨」といいます。さらに強い「篠突《しのつ》く雨」（篠を束で突き下ろすかのような激しい雨）や、「車軸を流すような雨足」などの言い方も、古典文学の世界から生まれています。「篠突く雨」は地面に叩きつけられる雨脚まで見えそうで、「車軸を流す雨」は、どうどうと流れるすさまじい雨の水量をあらわし、豪雨や土砂降りという言葉と比べ、迫力のある表現だと思います。

季節の雨だけでない、雨の区別もあります。たとえば、「時雨《しぐれ》」も、初時雨、秋時雨、露時雨、夕時雨、村時雨などが挙げられます。

さらに、別名を持つものも多く、「にわか雨」は村雨《むらさめ》や驟雨《しゅうう》、「お天気雨」は狐の嫁入りと呼ばれたりします。このほか、二十四節気の「穀雨《こくう》」や、日照りをうるおす「慈雨《じう》」、そして「梅若の涙雨」（謡曲『隅田川』に由来）や、「虎が雨」（虎が涙。鎌倉時代の曽我兄弟の仇討ちに由来）のように、その日にだけ降るとされる特別なものなどまだまだたくさんの雨があります。余談ながら、虎が涙は動物の虎が流す涙ではなく、討ち死にした曽我十郎の愛人虎御前の涙雨です。陰暦五月二十八日は雨が多いいわれになっています。

雨は歌川広重の「大はしあたけの夕立」(『江戸名所百景』)や「庄野」(『東海道五十三次の内』)などで知られるように、浮世絵のモチーフとしても親しまれており、画面からは激しい雨音が聞こえてきそうです。近代でも、竹内栖鳳《せいほう》、小林古径《こけい》、福田平八郎など、著名な日本画家たちが、「雨」という題名の作品を描いています。このように、雨は視覚的にも取りあげられる一方、浄瑠璃や歌舞伎、芝居、ドラマや映画の中でも効果音としての音が生かされています。

♪ しとしとぴっちゃん しとぴっちゃん～

子どもの頃、父がおどけてこんな唄を歌っていました。この部分しか歌わないので単に可愛い雨の唄だと思っていましたが、最近このフレーズが時代劇の「子連れ狼」に出てくることを知り、思わずズッコケました。しかし、降る雨と弾む雨だれを組み合わせた音のこの調子良さは見事なものです。

ちなみに、伝統音楽では、雨だれのように、ある一定の間隔で拍子を演奏することを、「雨だれ拍子」といって、謡曲でよく用いられるのだそうです。

雨が降ると喜んで唄を歌っていた幼い頃の、お気に入りの唄といえば、北原白秋作詞・中山晋平《しんぺい》作曲の「あめふり」です。

♪　ぴっちぴっち　ちゃっぷちゃっぷ　らんらんらん〜

「あめあめふれふれかあさんが　じゃのめでおむかえうれしいな」でおなじみの童謡です。雨の中を母が迎えに来てくれるというシチュエーションが子ども心に嬉しく、唄の最後のフレーズの、「♪ぴっちぴっち〜」ばかりを弾むように歌っていました。

当時は水たまりにジャブジャブ入れる長靴をはいて歩くことに夢中で、「じゃのめでおむかえ」とは何なのか、気にもとめませんでしたが、学生になってから、初めて神社で蛇の目傘をお借りしてさす機会がありました。どきどきしながら広げた和傘に響く、雨粒を受けるような、弾くような雨の音は、ビニール傘に受ける雨の音とはたいそう違って耳に新鮮に聞こえ、傘を広げる時の音、油紙の匂いさえも印象的だったのを覚えています。

同じように、たとえば「屋根に降る雨」でも、「トタン屋根に降る雨」と「瓦屋根に降る雨」の音の違いを、私たちは自然に聞き分けます。さらにイメージも加われば、「コンクリートの上に降る雨」と「石畳に降る雨」の音など、かなり細かいところまで、雨の音の感じ方には敏感なのではないでしょうか。

おもしろいところでは、松尾芭蕉が、盥《たらい》に降る（落ちる）雨だれを聞いています。

芭蕉野分《のわき》してたらひに雨をきく夜かな

芭蕉は十月の命日も時雨忌《しぐれき》と呼ばれるほどの時雨好きで、雨の句も多く、この変形リズムの句もその中の一つです。庭の芭蕉の葉を揺るがす風雨に、芭蕉庵が雨漏りしたのでしょうか。

五月雨《さみだれ》をあつめてはやし最上川

これも芭蕉の有名な句ですが、この句の初めが「さつきあめ」だとしたら、音の印象が変わるように思います。「さみだれ」の方が迫力を増すのは、「さみだれ」の「だ」の音が強いこと、また「だれ（垂れ）」で川面に降り続く雨の連続性を感じさせ、さらに「だ」の音を集めていることにより、最上川がダアダア流れている感じがします。

こうしてみると、ふだんはほとんど意識していないにせよ、雨の音に関する私たちの感性は、文化の中で意外に研ぎ澄まされ鍛えられています。降水確率何パーセントという雨のとらえ方だけでなく、その雨にじっと耳を傾ける時、雨音は豊かな響きを返してくれることでしょう。

つづれさせ

虫の音

日本人の「音」に対する感性に、どことなく独特なものがあることを初めて意識したのは、中学校の古典の時間でした。

平安時代の王朝文学に代表されるような物語や和歌には、春の梅や桜にはじまり、若緑、かきつばた、花橘《はなたちばな》、蓮《はす》、桔梗《ききょう》、秋の萩や紅葉など、巡る季節ごとの草花の美しさが詠み込まれています。それとともに、自然界の音、たとえば、水音なら折々の雨のほかにも、滝の響き、岩うつ浪、川霧と瀬々のあじろ木など、また風の音なら、すだれを動かす秋風や群竹に吹く風のかそけさといったような、イメージが音に結びつきやすいものが多くあらわされています。

春を告げるウグイスやホトトギス、浜の千鳥や鳴き渡る鶴、そして山奥の鹿のもの悲しげな鳴き声など、生き物の声にも耳を傾け、心を寄せていますが、小さき虫の鳴き声までも「音《ね》」と愛でられ、風情あるものとして織り込まれています。

西洋人は虫の鳴き声を生活の音、または季節の中の雑音（物語の中で、台所の隅にいるコオロギの鳴き声が示すものは、竈《かまど》に火をおこしてパンを焼くこともできない貧乏を表現することが多い）としてとらえますが、平安人は虫の鳴き声を、移り変わる季節の中の心情を託す音楽「虫の音」として解しているようです。

「虫の音」に見る音の受けとめ方の違いは、緩やかな四季に恵まれ、農耕を主とする生活で、自然の懐に抱かれるような営みをしてきた東洋と、狩猟・開拓型の生活で、ともすれば自然と戦い、コントロールする対象と見ていた西洋との生活背景に根ざした心情に差があるのかと思っていたところ、それだけではなく、西洋人は虫の鳴き声を右脳で聞き、日本人は左脳で聞くという学説を後に目にしました。

脳は、左側と右側で働きが役割分担されているといいます。右脳が視覚や音楽など、芸術的なものを処理する領域で、左脳が計算や言語などを処理する領域だといわれており、言語に関しては、左脳の働きが優先されるということのようです。

虫の鳴き声は音なので、右脳でとらえそうですが、角田忠信（医学博士）によると、日本人は左脳で、自然の音（鳥のさえずりや雨の音など）を聞き、西洋人は右脳で、自然の音や楽器の音を聞くという違いがあるのだそうです。

つまり日本人は言語を理解する働きを持つ左脳で自然の音を聞くため、虫の音も雑音ではなく、「虫の音」という感覚でとらえることになります。このことは、日本語の言語構造に母音が欠かせないことが関係しているともいわれています。ポリネシア語圏の人もまた、日本人と同じような左脳的な音のとらえ方をするそうですが、ポリネシア語圏の人々は自然界の波や風の音に対してはより豊かな表現を持ち、虫の音についての表現は多くはありません。

さて、王朝の人々は、どのように虫の音を聞いたのでしょうか。古典文学ではもの寂しげな虫の音に心情を託すことが多く、音と心情のつながりは、まるで映画の一場面に流れるＢＧＭのようでもあります。次の和歌を見てみましょう。

秋の野に道もまどひぬ松虫の声する方に宿やからまし
よみ人しらず　『古今和歌集』巻四、二〇一

今から千百年近く昔の秋のことです。

美しい秋の野を散策しているうちに日が暮れて、道もわからなくなってしまった。今晩は松虫の声のする方で宿を借りるとしよう、という意味で、追体験するかのようにその情景が浮かぶ一首です。日本語の語彙《ごい》の上でも音遊びをしているところがあり、松虫の「まつ」は「(人を)待つ」の掛詞でもあります。

また、かの『源氏物語』にも「虫の音」が多く登場します。中でも、その名も「鈴虫」の巻では、源氏がその音色を聞くために、わざわざ秋の虫を庭に放っています。出家した女三の宮のもとへ、未練の想いを抱きながら訪れた源氏が、鳴いている虫の音を背景に琴《きん》を奏でる場面は、しみじみとした雰囲気のある、王朝人らしい風雅な場面です。

実際にこのような楽器と虫の音色の合奏は聴いたことはなかったのですが、中秋の名月に神社へ行った折に、境内で琴（箏）の演奏をしていました。初めは、琴の音が暮れなずむ境内に響き渡る美しい風情に、非日常の体験をするわくわくした高揚感があったのですが、静かに耳を傾けているうちに、心が落ち着いていきました。ほどなく月がのぼり、濃さを増していく森の暗がりから虫の音が徐々に響き出し、やがて虫の音と琴の音が重なり合った時、彼方からの呼びかけてくる声を聞いた思いがしました。

虫の音の響きに秋の風情を楽しむ感覚は、雅な平安時代に始まったことではありません。それ以前の万葉の時代にも、人々は「秋らしくなってきたなぁ」とか「ずっと聞いていても飽きないなぁ」と虫の音に耳を傾けています。

庭草に村雨《むらさめ》降りてこほろぎの鳴く声聞けば秋《あき》づきにけり

『万葉集』巻十、二一六〇

影草《かげくさ》の生《お》ひたるやどの夕影に鳴くこほろぎは聞けど飽かぬかも

『万葉集』巻十、二一五九

ちなみに、万葉の時代におけるコオロギは秋の虫の総称のようです。しかし、『枕草子』（四十三段）には、ヒグラシや蝶、蛍などさまざまな虫の名前が書き連ねてある中に、鈴虫や松虫、キリギリスなどの名前も区別して登場していきます。和歌によく詠まれる、キリギリスはコオロギの古名であり、平安時代と今とではなぜか松虫と鈴虫の呼び名が入れ替わっているそうです。

では、遠く万葉や平安より時を隔て、江戸時代ではどうでしょう。

茨野や夜はうつくしき虫の声　蕪村

このように、自然の情景と、それを愛でる気持ちは継承されていきましたが、生活や文化が当時とは激変した現代の日本人社会においても、虫の鳴き声を「音」と感じるでしょうか。

小学校唱歌《虫のこえ》（作詞・作曲者不詳）「あれ松虫が鳴いている～（中略）あおもしろい虫のこえ」の歌詞を子どもの頃、口ずさんだ人は多いと思います。最初に刊行された明治四十三年から、約百年たった今も親しまれていることの歌は、なんと五種類の秋の虫の声を「歌」にしています。陽気で、明快な擬音語を連ねたこの音楽的感覚を、先祖の平安人が聞いたら喜ぶでしょうか。あまりに直接的すぎて「もののあはれ」がないと感じるでしょうか。

最近、都市部では虫の声を聞く環境も少なくなってきました。虫の姿と声を正確に言える子どもはどれくらいいるでしょう。

松虫――――ちんちろりん
鈴虫――――りいんりいん
くつわ虫 ――――がちゃがちゃ
キリギリス――――ちょんぎいす、ぎいっちょーん
カネタタキ――――ちんちん
コオロギ ――――りーりーりー、ちろろ、つづれさせ

この「つづれさせ」は、（寒くなる前に）衣を繕って秋の準備をしなさいよ、という意味の「綴れ刺せ」と聞こえるからだと聞いたことがあります。

ともあれ、虫の名前や姿を知らなくとも、人々は、暑い夏が過ぎて、秋の虫の声が各地で聞かれるようになると「もう秋だね」という言葉を交わし、秋の訪れを共感し合います。また実際に虫の音を聞くだけでなく、次の句のように、読んだ文字からも音色を楽しむ情感を持ちます。

本読めば本の中より虫の声　　富安風生

小さき虫の鳴き声を「おと」ではなく「ね」として音楽的にとらえ、言葉や情感につなげることができるのは、やはり日本の自然風土に育まれた感性と語感を受け継いでいるからではないでしょうか。

異世界への誘い

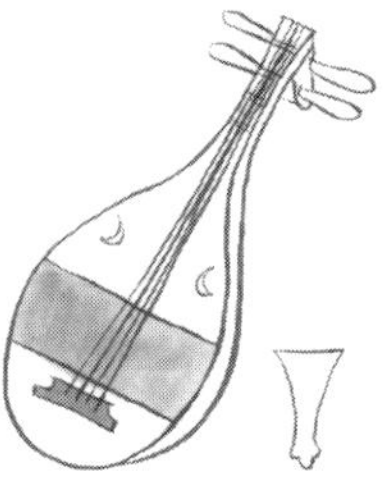

一 荘厳なうねり 声明 一

お酒で酔ったりして、話す言葉の調子があやふやではっきりしなくなることを「呂律《ろれつ》が回らない」といいます。けれど飲酒に関係なく、この「呂律」の語源は仏教音楽ともいわれる声明《しょうみょう》に由来します。

母と京都大原の里へ行った時のこと、寂光院を巡り、農道を歩いていると小型トラックが荷台に青々としたものを山ほどのせて、脇を走り過ぎました。その瞬間、かぐわしいその香りを全身に浴び、まるで香りの魔法に導かれるように、青じそトラックが去った方向へ進んでいくと、せせらぎの音が聞こえてきました。坂道の、団子と書いてある店の前で立ち止まってふと看板を見ると、「呂川」と書いてあり、「呂律」のいわれであると説明されています。言葉の語源である「呂律」がここに実在したのかと、思わず感銘を受けました。

三千院のホームページ(二〇一〇年当時)を見ると、次のように書かれています。

大原には三千院を挟んで二つの小さな川が流れています。呂川と律川です。二つの川は声明の呂（呂旋法）と律（律旋法）に因んで呂川《りょせん》、律川《りつせん》と呼ばれています。「徒然草」の作者吉田兼好は「唐土は呂の国なり。律の音なし。和国は単律の国にて、呂の音なし」と記していますが、呂曲（呂旋法）を律旋法で唱誦する時うまく呂と律の使い分けができないことを「呂律《ろれつ》が回らない」といいます。

大原は天台声明の里といわれるほど声明が盛んであることは有名でしたが、

この時はまだ聴いたことがなく、むしろ語源を知っただけで満足してしまいました。

その後、呂と律の集大成である「声明」を初めて耳にしたのは、智積院（京都）の宿坊に泊まった折です。

吐く息も白い冬の早朝、それとは知らずお堂でのお勤めに参加した時のことです。僧侶の方々が唱和される声の響きが耳に心地良いと思った数分後には、次々繰り出される揺らいだ音の波に漂い、まるでわさわさと脳内のマッサージを受けているような感じがしました。真言系のお経のありがたい意味などはわかりませんでしたが、リズムと響きの美しさに感嘆し、思わず寒さも忘れたほどです。

数年後、それが声明だったと知り驚きました。声明は近年その音楽性が脚光を浴び、海外のグレゴリオ聖歌隊との共演などが話題となっており、コンサートもよく開かれています。

この時の不思議な感覚は妙に忘れがたく、ついには心の求めに応じて声明を聴きに行ったほどです（良い機会だと思い、妹を誘ってみたのですが、あっさり断られてしまいました）。それは、コンサートホールで行われた、大原魚山塾の天台声明「天台聲明の夕べ」（二〇〇九年）でしたが、前回とはまた違う不思議な印象を持ちました。

会場の客席はぞくぞくと埋まってゆき、見回せばやはりご年配の方ばかり、と思いきや、若い人の姿もチラホラ。同じ思いなのか、それぞれ首を伸ばして周りをキョロキョロ、お互いの姿を認めると、「おっ」と安心したような、そしてなぜあなたはここにいるのかと物問いたげな視線を一瞬交わし合います。舞台は既に緞帳《どんちょう》が上がっていて、うす暗い中に敷かれた緋毛氈《ひもうせん》と、飾られたスキが見えます。やがて、僧侶の方々が登場します。

僧侶は十八人、鉦《しょう》と経机《きょうづくえ》が置かれたステージ中央に調声の方が一人、補佐のためかそのやや後方に一人、あとは左右に分かれて緋毛氈の上に座すと、それぞれ身につけておられる装束の美しさが、ほの暗い照明の中に浮かび上がります。

パンフレットには、「聲明懺法《しょうみょうせんぽう》 律様」とあり、披露される九演目の簡単な説明と詞章がのせてありました。最初は、声明を始めるにあたって身、口、意を清らかにする意をこめて唱える、總禮伽陀《そうらいかだ》です。

我此道場如帝珠　がしどうじょうにょたいしゅ
十方三寶影現中　じほうさんぽうようげんちゅう
我身影現三寶前　がしんようげんさんぽうぜん
頭面攝足歸命礼　づめんせそくきみょうらい

文字にするとこれだけですが、時間にすると十一分四十五秒、私には音も意味もまったく聴きとれません。ふつうお経を聴く機会がある時は、意味はわからなくても、まだ音は聴きとれます。それなのに文字と音が一致して聴こえないためか、肩に力が入り過ぎていたのか、身の置きどころがないようで戸惑い、荘厳な唸り声のように聴こえたのが第一印象でした。

次は、仏、法、僧に礼拝する、總禮三宝《そうらいさんぽう》、諸仏を敬い礼拝する敬禮段《けいれいだん》と続きます。時々音が微妙にすうっと上がった後、ほんの一瞬だけ間がある特徴的な繰り返しが、なんとも聴き慣れない調子でした。けれども、一般的に聴く機会の多いお経、たとえば南無妙法蓮華経などは「なんーみょーほーれんーげーきょー」と、それぞれの語の音を伸ばす長さが一定で、音の高低もあまりないように聴こえます。このことを考えると、難しく感じたこの音の波は、全体的に音の緩みや張り、(男性の低い声の領域で)高低が豊かなことに気がつきます。

それにしても各々が手元のお経だけを見て、お互い声も呼吸もぴったり合っているのが摩訶不思議です。プログラムに各演目が何分何秒と書かれているということは、きっと厳密な修練を積んでおられるのでしょう。

後日知ったところによると、声明の譜には、詞章の左側に墨譜があり、素人には黒いみみずが這《は》った跡のようにしか見えないのですが、それが節博士《ふしはかせ》といって調子の高低や長短をあらわす重要なものなのだそうです。

演目の後半に構成されていた、十方念仏《しほうねんぶつ》や経段《きょうだん》などになると、少し印象が変わりました。十方念仏では散華もあり、和紙でかたどった五色の蓮《はす》の花びらが一斉に撒かれる様子にも目を引かれます。ひらひら舞うのかと思っていたのですが、和紙がぶ厚いのか、宙に舞った後はばらり、ばらりと床に落ちました。後半の声明は種類が異なるのか、聴き慣れなかった微妙な上がり調子は少なく、先ほどよりはやや詠んでいるように聴こえ、個人的にはこちらの方に親しみがわきました。

ごく軽い薄葉紙がふんわりとめくられていくような余韻の、朧《おぼろ》な響きが空間に満たされるのは、「神秘的な感じ」では十分に言いあらわせません。声による荘厳な音の重なりを、コンサートでは仏教の音楽として鑑賞していますが、本来は精神世界、魂に働きかけるものだというのもわかる気がします。一人一人の声が聴こえるようなのに、全体では一つの音に聴こえ、音を立体的だと意識したのは初めての感覚でした。声明には、いくつもの音の振動が含まれているそうで、癒《いや》しの効果があるといいます。そういえば家に帰った後も、頭の中のほかほかした感じが数時間持続していました。

ところで、声明は古代インドの悉曇学《しったんがく》（音韻学）が源流です。中国を経て、仏教とともに日本に入ってきました。古くは七五三年（天平勝宝四年）に、東大寺の大仏開眼供養の儀式で大規模な声明があったという記録があるそうです。一説に、二百人ともいわれる人数で唱えられた声明の響きは、さぞかし重厚で素晴らしかっただろうと思います。

一口に声明といっても、密教の真言宗と天台宗を中心に、宗派流派によってもかなり特色が見られます。外来語（梵語・漢語）のもの、日本語では、問答の形をとる論議、漢文を読み下す講式、和讃があり、他流派のものは、譜を見てもわからないといわれます。

また、論議は能など、講式は平家などの語り物、和讃は今様などへ影響を与えたため、声明は日本の音楽の源流と表現されることも多いようです。その系譜に連なるものとして、この時の魚山塾の声明コンサートは、数演目、三味線、シンセサイザーといった現代音楽ともコラボレートしたものでした。そして、共演されたソプラノ歌手の方が、声明の倍音を「練れた音」と評されていたのが印象的でした。
寺院で伝統的に守り伝えられるものと同時に、時代の最先端の声明は、より広く一般に知られるため、さまざまに積極的な試みがなされています。ここからまた遥か長い時間をかけて、新しい音楽が生まれていくのでしょうか。

諸行無常の響きあり　琵琶

「べ～ン、べべべべーン」、暗がりを震わせる琵琶の響きと大勢のすすり泣く声。子どもの頃、怪談「耳なし芳一」を絵入り本で読みました。平家一門の亡霊を前に琵琶が弾き語られる場面では、恐ろしさで身の縮む思いがしたものです。

祇園精舎《ぎおんしょうじゃ》の鐘の声、諸行無常の響きあり。
沙羅双樹《さらそうじゅ》の花の色、盛者必衰のことわりをあらはす。

おごれる人もひさしからず、ただ春の夜の夢のごとし。
たけき者もつひには滅びぬ、ひとへに風の前の塵に同じ。

栄耀栄華《えいようえいが》を極めた平家が、源平の合戦、そして壇ノ浦で滅亡するあり様を描いた『平家物語』は、鎌倉時代の初め、盲目の琵琶法師たちが独特の曲節をつけ、語り聴かせることで民衆に広く親しまれました。それは平家（平家琵琶）と呼ばれ、軍記物語の中でも、能、人形浄瑠璃（文楽）、歌舞伎などにとりわけ強い影響を与えたことは知られています。

『平家物語』を声に出して読んでみると、和漢混交の力強い文体は小気味よく、読み物としても魅力的です。

平家の「琵琶を伴奏に語る」というスタイルは、今でいうギターの弾き語りのように曲に歌詞をのせて語るわけではありません。語りは能の謡《うたい》のような抑揚ある節回しで、ひと節ごとの短い語りと語りの合間に琵琶が「バラン」と奏でられるものです。

一般の人にとって琵琶は、その名も枇杷、あのだいだい色で緩やかな曲線を持つ果物から連想して、楽器の形はすぐ思い浮かぶと思いますが、その音色は、箏や三味線よりもっと遠い存在ではないでしょうか。琵琶には二系統があり、四弦はペルシア、五弦はインドに起源があると考えられています（五弦は平安時代に一度廃《すた》れましたが、近世以降の琵琶で復活しました）。

西洋のリュートは琵琶と同じく、古いペルシアの楽器バルバドが起源です。アラブのウードの流れをひいているリュートや現代の中国琵琶は、指や義爪《ぎそう》、一方、日本の琵琶は撥《ばち》で弾くという違いがあります。ですから、リュートと琵琶は、世界規模の遠い親戚のような間柄です。リュートは、中世ヨーロッパの吟遊詩人が奏でるイメージがありますが、リュートでは何が語られたのでしょうか。

日本へは、奈良時代に中国から伝えられました。正倉院には有名な「螺鈿《らでん》紫《し》檀《たん》五弦琵琶《ごげんのびわ》」があります。美しい模様が施されたこの琵琶の表には、駱駝《らくだ》に乗り、琵琶らしき楽器を奏でる人物がデザインされています。天平の人々はその響きに耳を傾ける時、遠い異国に想いを馳せたのでしょうか。

日本の琵琶には、時代やジャンルによって、五つの種類（楽琵琶・盲僧《もうそう》琵琶・平家琵琶・薩摩琵琶・筑前琵琶）があるようです。

まず、雅楽で使われているのは、唐の時代の形をそのまま伝えるという、楽《がく》琵琶です。ほかの琵琶と大きく異なるのは、サワリという、伸びて縮むようなあの独特な響きがないこと、合奏に使われることです。『源氏物語』でも、合奏や独奏の場面が見られます。また、管弦の名手と名高い源博雅が、琵琶の名手である蝉丸のもとへ三年間通いつめ、やっと「流泉《りゅうせん》」「啄木《たくぼく》」という琵琶の秘曲を伝授してもらったという逸話が、『今昔物語集』（巻二十四、第二十三話）に書かれています（残念ながら、その秘曲は現在残されていません）。

蝉丸といえば、お正月の百人一首の坊主めくりで、一番先に憶えた僧侶を思い浮かべる方もいるかと思います。妙なうす茶色の三角頭巾をかぶって、おうど色の衣をまとい、丸まっている姿の札は、インパクトがありました。この札を引くと、ほかのどの坊主が出た時よりもがっかりした思い出があります。一説には貴い血筋の皇子であったともいわれ、盲目の琵琶の名手とは大人になって知りました。一方、源博雅は、映画『陰陽師』で安倍清明の親友として描かれた人物です。映画では笛を吹いていましたが、琵琶、琴、篳篥《ひちりき》などにも優れており、作曲もしていたようです。

盲僧琵琶（荒神琵琶）は、これまでの説では、インド、中国の僧から九州へ伝えられ、平家琵琶とは別の系統とされていましたが、近年ではどちらも楽琵琶と同じ系統と考えられているようです。七福神でおなじみの、琵琶を持った弁財天は、もとをたどるとインドの女神です。盲僧琵琶は、豊作祈願や法会で「地神経《じしんきょう》」などの経文に伴奏をつけていました。また、仏教的なものだけでなく、余興で娯楽的なものを語ることもあったといい、この要素から、薩摩琵琶や筑前琵琶が派生します。

平家琵琶はいくつかの流派を生みながら伝えられました。中世には琵琶法師を職業的に保護する当道が組織され、江戸時代では幕府公認の庇護を受けています。

しかし、近世には三味線の流行におされ、明治四年（一八七一）には政府による当道の解体で打撃を受け、伝承者は減り、現在は前田流のみに伝えられています。なお、沖縄から伝わった三線を改良して三味線にしたのは、琵琶法師だったということです。

薩摩琵琶は、薩摩盲僧琵琶から、室町時代末期に薩摩領主の島津忠良によって奨励されて興ったといわれています。合戦や教訓的な題材が多く、芸風は勇壮、撥はほかの琵琶の中でも典型的なイチョウ型で、この大きな撥で激しく打ち鳴らすのが特徴です。近世には精神を鍛錬するものとして武士の間で人気がありました。尺八もそうですが、楽器で精神を鍛えるというのも、なんだかおもしろい気がします。

薩摩琵琶から、筑前盲僧琵琶によって、明治二十年代に筑前琵琶が派生しました。薩摩琵琶と三味線音楽などの要素を取り入れてできたものです。筑前琵琶は、薩摩琵琶に比べると撥などは小ぶり、情景描写など長めで、おおらかで優美な芸風と評されています。そのためか、薩摩琵琶には男性奏者が、筑前琵琶には女性奏者が多いといわれます。上原まりさんも筑前琵琶奏者です。

薩摩・筑前琵琶ともに、『平家物語』を題材にしたもの（独自の改作）は多くありますが、他にも祝い曲などもあり、内容は平家や軍記に限りません。たとえば、明治時代、国歌にふさわしい曲を探していた時に浮上した、《君が代》は（もとは『古今和歌集』の和歌ですが）薩摩琵琶の《蓬萊山《ほうらいさん》》という祝い曲からとられたといわれています。

一度琵琶を聴いてみたいと思っていたところ、お寺で鑑賞する機会がありました（「筑前琵琶がかなでる『平家物語』」、二〇〇九年）。

「朗読と琵琶」・「筑前琵琶」の演奏は、それぞれとても素晴らしいものでした。建礼門院の悲哀を、控えめながら情感豊かに表現された、女性の声によるやわらかな語り口は、その心情に寄り添うような琵琶のアクセントによりいっそう引き立ちます。また、男性の声による、節回しのある「宇治川先陣争い」の琵琶語りは、撥のかき鳴らす響きに、川の早瀬が聞こえるかのような激しさがあり、語りの余韻が音にすべて込められているようでした。

琵琶奏者は、感情を語りと音に込め、表情はほとんど変わりません。そもそも軍記物を語るのは鎮魂の意味合いもあったためか、内省的な姿勢が受け継がれているようにみえます。視覚的なダイナミズムがないにも関わらず、すっかり物語の世界に引き込まれ、終了後、我に返り、庭に目を転じると若葉が鮮やかに映り、さわやかな風が吹き抜けていきました。生の琵琶の音は、まるで自らへ語りかけてくるような響きでした。

琵琶は、語りだけでなく、雅楽の合奏、薩摩・筑前琵琶のような歌曲的なものもあり、またオーケストラとの新しい演奏(武満徹による《ノーヴェンバー・ステップス》などが有名)なども試みられています。

古典の響き

― 神々を迎える演奏 能楽の四拍子 ―

お雛様の五人囃子は謡《うたい》、笛、小鼓《こつづみ》、大鼓《おおつづみ》、太鼓《たいこ》ですが、能楽では謡は別として、笛、小鼓、大鼓、太鼓を四拍子《しびょうし》といいます。

能楽で楽器を扱うのは囃子方《はやしかた》で、囃子方はそれぞれ笛方、小鼓方、大鼓方、太鼓方（締太鼓《しめだいこ》）に分かれています。指揮者はおらず、基本的には太鼓、太鼓が入らない場合は大鼓が全体をリードし、お互いに自立した音の演奏で一体化します。

笛は能管《のうかん》という横笛です。変わった作り方をする笛で、一本の竹を十本くらいに割り、竹の表面をわざわざ内側に変えて、樺《かば》などで巻き、強化するため漆で十～三十回も塗り固めます。本体にはノドという細い管が入っており、そのため調律はされず、一本ずつ音階が異なるというところが、まるで人間のような個性です。このノドで、ヒシギという独特な、かん高く鋭いヒョーッという音を出すのです。極限まで高まった空気に、最後のひと太刀を浴びせて昇華させるような、気迫の込められた音は強烈で、ヒシギが神降ろしに使われていた音に似せられたというのもわかるような気がします。

鼓は、おいしい時には「舌鼓」、満足で満腹な時には「腹鼓」を打ち、言葉の世界ではわりと身近ですが、これもそれほど身近な楽器ではありません。

ポン、と明るく響く小鼓は「チ」「タ」「プ」「ポ」という愛嬌のある四種類の音を持っています。ふだんはにこにこ陽気な男性が、本番では一転真剣な表情をしているような、単発での響きと演奏中での響きが違って聴こえる音のギャップに、軽いときめきを感じます。胴は桜の木、皮は馬でできています。音の出は、作った時は新皮、五十年経ち中古皮、百年で古皮、百五十年後に老皮となり、なんと百五十年後が打ちごろで、鼓奏者は世代を越えて打ち込み、手入れしているといいます。

演奏中、皮の表面に息を吹きかけているのを見かけるのは、小鼓の皮が乾燥を嫌うためです。唾をつけた和紙（調子紙）を貼るなどして、音の調節を行います。小鼓は特に、その日の天候に左右されるといい、湿気がないと音がしないので、ヨーロッパのように乾燥した土地での演奏は、一段と神経を使うそうです。なお、右肩に担ぐのは日本独特の奏法で、小鼓を支えているだけに見える左手は、実は調べ緒（調べ）という紐を握ったり放したりすることで音色に微妙な変化を持たせます。

小鼓と大鼓は、基本的な構造は同じで、皮（表・裏）と鼓胴を調べ緒という朱色の紐で締める組み立て式ですが、まるで性格の異なる兄弟のようです。

骨董店で鼓胴だけになった姿を見たことはありましたが、通常はバラバラにした状態で管理し、演奏直前に組み立てるものだとは長らく知りませんでした。初めて目の前で完成体がしゅるしゅると分解され、平たくなるのを見せてもらった時には、本当に驚きました。家に帰って、興奮しながらその事実を話していたら、アヴリル・ラヴィーンをカラオケで歌うような妹に「えっ！　知らなかったの!?」と言われ、反対に「何で知ってるの!?」と私の方がびっくりしました。妹は日本の伝統音楽について、中学の音楽の授業で習ったそうですが、七歳年上の私の時代には、まだカリキュラムには入っていなかったのでした。私にとっては残念でしたが、音楽教育の向上はとても喜ばしいことと思います。

さて、小鼓よりひと回りほど大きい大鼓は、左ひざの上に置き、指サック（指皮）をはめて打ちます。小鼓と同じく皮は馬ですが、こちらは、カン……カン……と硬く高い、枯れた感じの音がします。大きな違いは皮の性格にあり、大鼓の皮は小鼓とは逆に、湿気を嫌います。そのため、演奏する前には一時間二時間と時間をかけて、皮を炭火で焙じ、カリカリによく乾燥させます。ずいぶんと手間がかかるように思えますが、きっとこの段階から本番の音作りは始まっており、毎回が真剣な作業なのでしょう。

前回薪能《たきぎのう》に行った折、その日はあいにく今にも雨が降り出しそうな気配がありました。楽しみにしている野外公演が中止かとハラハラする一方、この天候では丹念に調整した大鼓の皮が湿気てしまうのではないかと、とても心配になりました。

調べ緒は強い力で締めつけ、打ち方の強弱で音を変えます。「ドン」「ツ」「チョン」という音は、この乾燥した皮を、固い指サックで打った瞬間に放たれます。指皮と呼ばれるその指サックは和紙を糊で固めたもので、演奏者自身が自分の指に合わせて作るそうです。同時に打つ二本の指の打つ加減か、一音の中にも音がほんのわずかに連続して聴こえるのは、深い味わいのある響きです。

太鼓というのは、締太鼓のことです。皮は牛あるいは馬で、調べ緒をきつく締めつけ、皮面を台に平行にのせた状態で打ちます。二本の撥《ばち》は、太いものと細いもので音色が変わります。「ツクツク」と抑える響き、「テンテン」と響かせる音は、「テレツクツクテン、テレツクテン」と、譜を知らず自由に打ってもそのまま音楽になる楽しいリズムです。

私が生まれた時、母はドイツの作家エーリッヒ・ケストナーの作品『点子ちゃんとアントン』にちなんで、「てんこ」と名付けたかったそうです。しかし、祖母が名付けをすることになっていたので、言い出せずにいたところ、祖母の命名リストの中に「展子」がありました。若かった母は小躍りしてそれを指し、「この名前に」。あっさり決まって安心した祖母と母ですが、母が私を「てんこちゃん、てんこちゃん」とあやすのを聞いた祖母がいぶかしみ、「展子《てんこ》」が「展子《のぶこ》」であることが発覚して、出生届を出す寸前に、第二候補の聡美になったといういきさつがあります。あの時、あのままであれば私は「てんこちゃん」と呼ばれ続け、「てん、つく、てんてん」などとからかわれたかもしれません。「てん」という音には、懐かしい思い入れがあります。

寄席の出囃子《でばやし》などでは踊り出しそうなめでたい雰囲気の締太鼓ですが、能では格別な響きに変化し、主に鬼神や霊など異次元的なものの出現を舞台に招きます。この高鳴りは歌舞伎の「ドロドロ」に引き継がれたという指摘（萩原秀三郎〈写真家・芸能研究家〉があるのもなるほどと思います。

また楽器の演奏だけでなく小鼓、大鼓、締太鼓奏者が発する、「イヨー」、「ホー」、「ヨー」と耳に聴こえる掛け声も舞台に張り詰めた緊張感を呼び込みます。これは演奏合図だそうですが、声の美術工芸品といえるほど美しい品格を含んでいます。掛け声が交差し、演奏のテンポが徐々に速くなっていくと、舞台で渦巻く緊迫感が増して、どんどん膨れ上がっていくような迫力が生まれます。これも民俗学的に見ると、本来は祭りの神迎えのように、囃すことで舞を舞わし、舞人が神がかりになるためのものだったといい、聴いている自分まで心が高ぶります。

『梁塵秘抄』にも、「ていとんとうと響き鳴れ」と巫女が神降ろしで鼓を打つ様子の神歌があり、能はかなり神事に近い芸能なのかもしれません。

開演前、揚幕の向こう、鏡の間でお調べ（調べ）が演奏されます。それぞれの楽器の最終調整であり、開演の合図でもあります。やがて囃子方、地謡方《じうたい》が入場して位置につきます。開演です。思わず居ずまいをただし耳を澄ますと、鼓の音、地の底からぞろぞろわき上がるような謡、気迫に満ちた掛け声、甲高い笛の音が舞台空間で次第に高められて満ちあふれ、気がつくと音楽が時空を駆け抜けて招いたかのように、いつの間にかシテ（主役）が現れていて、次には時を凝縮し、いつの間にか消えます。実に、幽玄な能の始まりと終わりです。別に禁止というわけではないものの、終わった後の余韻を破らないようにするためか、客席側から拍手やカーテンコールなどもありませんが、長い旅から戻ったような深いため息がこぼれます。

―舞台を宇宙に変える　謡と舞―

人間五十年　下天の内をくらぶれば、夢幻《ゆめまぼろし》のごとくなり。
一度《ひとたび》生を受け　滅せぬ者の有るべきか。

この一節は、永禄三年（一五六〇）、桶狭間の戦い出陣前に、織田信長が舞ったというエピソードで有名です。長らく能だと思っていたこのフレーズは、実は幸若舞（「敦盛」）で、鼓を伴奏に謡いながら舞う、中世芸能の曲舞《くせまい》の一つであることを数年前に知りました。

謡《うたい》の節は、声明《しょうみょう》や平家琵琶などから影響を受けており、戦乱の世、軍記物語を題材に扱う内容に我が身を重ねみた、戦国の武将たちの間で流行していたといわれます。足利三代将軍義満の庇護を受けて花開き、秀吉や家康が愛好し、徳川幕府の式楽にもなった能楽は、この時代の好みを反映しているのでしょうか。幸若舞は現在、福岡県の大江幸若舞保存会にのみ伝承されています。

学生時代、初めて舞台の能を厳島神社（神能奉納行事）で見ました。能楽はもともと屋外で演能されるもので、海の上に鎮座する厳島神社の場合、能舞台も神社の境内である海上にあります。春とはいえ四月中旬の海から吹きつける風は身を切るように冷たく、厚着の観衆はぶるぶる震え、中には防寒対策でスキーウェアを着ている人までいました。ところが、舞台のシテ（主役）は板敷きの能舞台の上に白足袋で立ち、静かに構え微動だにしません。囃子方《はやしかた》も、まるで寒さを感じているようには見えません。舞台三方からわき上がるような謡と囃子、静止して扇を持つシテの指先が真っ赤になっているのに気がついた時、その各々の芸の凄《すご》さを垣間見た思いがしました。よくわからないまま演目が終了し、緊張感から解き放たれた時、何もないところから静かに始まり、またひそやかに終わる舞と、満ちていた音楽があたり一体の空間へ広がり、風に乗り空へ海へ溶けていったことを美しいと感じました。それまでの映像での鑑賞では伝わってこなかったことです。

その場に生み出される空気を直《じか》に感じる臨場感の魅力は、あらゆる音楽・芸能に共通していますが、とりわけ能は、そこにこそ凄みを感じる芸術だと思います。

ほとんどリハーサルをせずにその場で作られる囃子、謡、舞の一体感が能楽なので、分けて考えることは難しいのですが、楽器についての項目がありますので、ここでは謡と舞について触れたいと思います。

能は、現在でも特別に扱われる式三番の「翁《おきな》」のように、神事祭礼の系譜が色濃く引き継がれています。また夢幻能のように死者が主役のものは、鎮魂的な意味合いが深いともいわれます。演能そのものが儀式的なことは、謡とも関わりがあるのでしょう。

謡は、一つは演者（シテ〔主役〕やワキ〔相手方〕など）による登場人物の、主にセリフや歌の部分があります。そしてもう一つは、舞台向かって右側に座った人たちによる地謡《じうたい》で、こちらは登場人物の秘められた心情描写や情景描写などを担当しています。

地謡は、八人くらいで構成されることが多く、地謡方と呼ばれますが、登場人物の胸の内を代弁するように、舞台の演技と深く関わるため、地謡方はシテ方（主役を演ずるグループ）のメンバーが担当しています。

ただし、能楽はシテ方、ワキ方、狂言方、囃子方それぞれ分業していて、たとえばシテ方に属する役者が、ワキを演じることはありません。基本的に、シテは主に鬼神や亡霊などであり、対するワキは現世の人物で、シテの思いを聞き出すという役回りです。

さて、指揮者のいない地謡をどのように合わせているかというと、地謡方の中の地頭《じがしら》が、舞台を見ながら地謡全体をリードしていきます。地頭はシテ方の熟練者が務めます。ふつう、合唱といえば混声合唱のハーモニーに慣れている私たちにとって、地声による斉唱で、しかも地頭その人に合わせてひたむきに同じ高さで謡うというスタイルは、ユニークな気がします。複数の声が一つの音声のようにぴたりと揃っているのに複数ならではの調和が聴こえるのは不思議です。

舞台にいつの間にか流れ出す地謡は、簡素で抑制の利いたしなやかさと、芯の通った、深みのある独特の抑揚ある調べを醸し出します。一方で、文楽（人形浄瑠璃）の義太夫節の語り物などに比べると、わかりにくい印象もありますが、それは面や装束が何百年も前から伝えられているように、謡も能楽が成立した頃の室町時代の日本語によるものだからでしょうか。

謡のリズムは七五調の十二文字を、息継ぎを入れて八拍で謡う拍子合《ひょうしあい》と、そのリズムにのらない拍子不合《あわず》があります。セリフや対話といった言葉が中心の演者の謡は、独特の節回しがあり、沈痛などを表現する繊細で優美な感じの弱吟《よわぎん》と、息を強く押し出し、祝意や勇壮さをあらわす強吟《つよぎん》があります。

しかし悲しいかな、今の私には地謡を聞きとることはできません。でも、耳で何と言っているかを聞きとる努力をやめると、泳ぐのをやめて、波に浮かんだような状態になります。日本語が聞きとれないことや、細やかな展開が理解できないことから、ではもし謡がなかったならと考えてみましたが、舞台にあれだけの緊張感を圧力のように盛り上げていく謡は、やはり欠かせないものだと思います。地謡に身をゆだね謡に耳を澄ませていると、眠りに近いようなぼうっとした夢幻の世界に誘われます。

ところが、戸田井道三によると、能の美は「音声の舞と肉体の舞とが双曲線をえがいて、相互にちかよったり離れたりするところ」にあり、謡の「夢見心地が、能の動きにとって必要」だといいます。「謡曲の音律は、いってみれば言葉の舞なのである」という視点は、まさに目から鱗でした。

動かないように見える能の舞も、たとえば自分が構えを真似してみてもただそこに立っているだけですが、演者の構えには明らかに「存在感」を感じます。揚幕を隔てた鏡の間から、橋掛かりを渡って来るシテ（主役）の歩みが相当ゆっくりに見えたとしても、この世ならぬ者が異界から現れやってくるということは、実は時空を超える速さで進んでいるということなのでしょう。また、演者が扇をぴたりと水平に保ち、静止した状態で構えているだけで、どんどん心拍数は上がっていくのだそうです。幽玄の世界とはいえ、能は静かであるだけのものではありません。演者を神がかりさせるように囃す、激しい囃子と謡の中で、演者の踏み轟《とどろ》かす足拍子は時に空気を切り裂き、震撼させる威力を持ちます。

究極に抑制された静《せい》の中に、内省的な精神の高まりと激しい気迫を感じるかどうかは、見る者の心構えによるのかもしれません。緊張感を高める囃子、夢見心地に誘う謡の響き、そして舞、それぞれが独自の役割を担い、小さな空間で高まっていく抑制が、見る者を緊張から陶酔に誘い込む瞬間、能舞台は宇宙のように広く感じられます。そう感じる自分の存在も強く意識させられるという不思議な感覚が能にはあるようです。

―「こりゃ面妖な」 狂言 ―

能は主役をシテ、脇役をワキといいます。死者の霊などの回想形式で夢と現実が交差する夢幻能と、現実世界のこととして進行する現在能とがありますが、基本的にシテは面をつけて演じます。これは登場人物が、この世のものではないことをあらわしています。

狂言では主役をシテ、脇役をアドといいます。めでたい演目の脇狂言、大名が主役となる大名狂言、太郎冠者が主役になる小名狂言などがありますが、狂言では、基本的に登場人物は面をつけず、歌舞伎のように化粧もせず、素顔で演じます。

演者は次々に変化する豊かな表情と、メリハリのある声色、大げさな所作で、喜怒哀楽をはっきりと表現しながら、明朗でわかりやすいセリフと、テンポの良いやりとりで滑稽な話を展開していきます。

狂言が演じられるのは能の演目と演目の間です。能は、式三番の『翁《おきな》』を加え、初番目もの脇能《わきのう》（神）、二番目もの修羅能《しゅらのう》（男）、三番目もの蔓能《かづらのう》（女）、四番目もの雑能《ざつのう》（狂）、五番目もの切能《きりのう》（鬼）という、五つの作品群がありますが、それぞれから一演目ずつ選び、順に五演目を上演する、翁五番立てが正式なものです。すると五つの能の間に、四つの狂言が交互に上演されることになり、神能奉納のような正式なものは一日がかりとなります。演目の順番には意味があり、朝の光の中で始まり夕方のうす暗がりで終わる、一日の時間帯にふさわしいものがあてはめられています。とはいってもあまりにも長いので、現在では二演目くらいにカットして行う短い公演が一般的です。

狂言では、演目によりますが、ほとんどの場合、地謡《じうたい》や囃子など、能ほど多くはありません。しかし、親しみやすく印象的なセリフと所作、そして、おもしろいところで演者が声に出して唱える効果音（擬音語・擬態語）で、いきいきした魅力にあふれた舞台を作り出します。

たとえば、擦り足でしずしずと登場した人物が、「このあたりのものでござる」と口を切り、「今日は○○へと参ろうと存ずる」と、おもむろに舞台をぐるりと一周、そこが近所ではなく都のような遠い所でも、「や、何かというちに○○へ着いた」という始まり方があります。同じところを回っているのですが、大真面目に移動の距離をあらわす約束ごとです。

または、登場した主人が、「このあたりのものでござる」と口を切り、「やいやい、太郎冠者ここへまいれ」と呼ばれた太郎冠者がしずしず出てくると、主題である話が始まり、うつけ者の太郎冠者が巻き起こす騒動に「こりゃ面妖な」「さてもさても」と、たちまちとんちんかんで軽妙なやりとりが花開きます。ついには「許されい許されい」と逃げ出す太郎冠者を「やるまいぞやるまいぞ」と後を追って退場する主人。笑いで和んだ雰囲気を残して、舞台に静寂が戻ります。

ユニークな効果音はセリフの間に軽妙に唱えられます。雷なら「ピカリ、ガラガラ」となんと音だけでなく光もあらわし、のこぎりを引く所作は扇をのこぎりに見立て「ズカズカズカズカ、ズッカリ」と大音声、その折の演者の表情も豊かです。動物の声のあらわし方も、猿「きゃあきゃあきゃあ」、犬「びよびよ」、狐「クヮイクヮイ」、鳥では、カラス「コカァ」、とんび「ひいよろひいよろ」。現代人にとっては一風変わったものもありますが、昔の人がとらえた音が息づいています。

ほかにも次のようなものがあります。

掛軸を引き破る	サラリ、サラリ、パッタリ
茶碗を割る	グヮラリ、チン
戸を開ける（扇を開いて）	サラサラサラ
ものの匂いを嗅ぐ（人くさいぞ）	クシ、クシ、クシ
柵を壊す	メリ、メリメリメリメリ
酒をつぐ	ドブドブドブ

セリフと合わせるとさらに軽妙になります。『棒縛り』では、酒蔵の戸に取りついて、これを開けようとし「グヮラリ、グヮラリ、グヮラリ、グヮラグヮラグヮラグヮラ」、そして戸を開け「まんまと開いた」。

『鐘の音』では主人に付《つ》け金《がね》の値《ね》を聞いてこい（主人が言っているのは刀飾りの値段）と言われた太郎冠者が、撞き鐘の音《ね》と勘違いして聞いてきた音が、五大堂の破れ鐘が「グヮン」。壽福寺《じゅふくじ》の鐘は撞木が結いつけられていたため小石・大石打ったところ「チーン」と小さい可愛い音。極楽寺はたまたま僧が打つのを聞いての「コーン、コーン」。笑いながらそれを評して「響きのない、硬い音じゃ」。建長寺は大きな寺で撞木も大きく「ジャン、モンモンモンモン」と響きます。これらの鐘の音をすべて口頭でおかしく表現します。

『蟹山伏』ほか、『柿山伏』『くさびら』『禰宜《ねぎ》山伏』では、怪しげな山伏が数珠を擦りながら祈り、次のように唱えます（各作品とも、ほぼ同文）。

ボロンボロ　ボロンボロ　ボロンボロ
橋の下の菖蒲は　誰《た》が植えた菖蒲ぞ、
折れども折られず　刈れども刈られず
ボロンボロ　ボロンボロ

「ボロンボロ」は、山伏の呪文である『一字金輪《いちじきんりん》』（大日如来の真言）の「勃《ボ》嚕唵《ロン》」を茶化したもののようです。「橋の下の菖蒲〜刈られず」も山伏の祈る時の呪文で、鎌倉時代（頼朝の頃）、世間で流行った歌謡が使われているとも、各地に残る子どもの草履蹴り遊び歌の借用だともいわれています。いずれも、おかしみを感じるのは一人でセリフを言いながら、効果音も合わせて喋り鳴らしているからでしょうか。

そのほかにも狂言の掛け声や囃し声はにぎやかで、「エイエイ、ヤットナ」「ソリャソリャ」「サアサア」「ヤイヤイ」というような明るい元気の出るものです。謡と舞が中心の能と、セリフ劇の狂言では、狂言の方がおもしろいという印象を持つ人が多いかと思います。内容的にも、死者の霊や怨霊が生者に魂の救済を求める図の多い能と、いきいきとした人間の小さな欲や愚直さを演じる喜劇としての狂言の大きな特色の違いがあります。しかし、能の間に狂言が演じられるという形式になっているのは、互いを引き立て合う味わいがあるからでしょうか。

― とらえられない響き　雅楽 ―

雅楽といわれてイメージするものは、「ぷぃ〜ん」という耳にあふれるような篳篥《ひちりき》の個性的な響きと、王朝絵巻さながらに美しい典雅な舞でしょうか。西洋音楽であればメロディーについていく感覚があるのですが、雅楽はとらえどころのないものに浸るという感覚があります。

雅楽の演奏には、管絃（合奏）と、舞楽（合奏と舞）があります。

千二百年以上も変わらず、今に伝えられる究極の古典合奏音楽のルーツをたどれば国際色豊かで、大きく分けると唐楽と高麗楽《こまがく》があります。舞楽では伝来系統によって左方《さほう》（左舞）と右方《うほう》（右舞）に分けられ、それぞれ使う楽器や装束の色などに違いがあります。左舞（唐楽）は朱色系の装束で、中国や天竺（インド）、林邑《りんゆう》（ベトナム）あたりが起源です。一方、右舞（高麗楽）は緑色系の装束で、朝鮮半島（百済《くだら》・新羅《しらぎ》・高句麗《こうくり》）や渤海《ぼっかい》（中国東北部）あたりが起源とされるものです。また、高麗楽は舞楽のみで、管絃はありません。

左舞と右舞は、装束の色だけでなく、曲の構成なども対称的に配されています。舞も番舞《つがいまい》といって左右が対で、たとえば「蘭陵王《らんりょうおう》」には「納曽利《なそり》」というように、曲目によって組み合わせが決まっています。

雅楽の調べを奏でるのは、遥か奈良時代、あるいはそれ以前に、中国や朝鮮半島から伝来した楽器です。篳篥は、人の声を含む地上の動物の声、また笙《しょう》は天からさしこむ光とも、天上の動物の声をあらわすともいわれ、そして、その名も龍笛《りゅうてき》という笛は、天地を自由に行き来できる龍の声を象徴しています。これらの合奏は宇宙と調和する調べと考えられ、そこに古代人の壮大な感性を感じますが、陰陽五行説とも関わりがあるようです。
楽器についていえば、次に挙げたように用いられています。

〈管絃の場合〉
管楽器　笙・篳篥・龍笛
絃楽器　琵琶・琴（楽箏）
打楽器　鉦鼓《しょうこ》・鞨鼓《かっこ》・太鼓（釣太鼓、火焔太鼓ともいう）

〈舞楽の場合〉　＊絃楽器（琵琶・琴）は入りません
左舞（唐楽）　絃楽器を除いて管絃と同じ
右舞（高麗楽）篳篥・高麗笛・鉦鼓・三ノ鼓・太鼓

雅楽はこのような外来のものだけでなく、国風歌舞《くにぶりのうたまい》も含まれ、日本に古くから伝わる宮中の御神楽《みかぐら》や東遊《あずまあそび》のほか、催馬楽《さいばら》や朗詠、今様といった、地方民謡や流行歌など歌謡の伴奏にも用いられます。

御神楽の古式ゆかしい歌と舞の伴奏は、篳篥・和琴・笛・笏拍子などです。もとは外来の雅楽に比べ、篳篥のぷぃ〜んという音もおとなしく、むしろ印象的だったのは「ぽろろん」と奏でられる和琴、そして笛を合わせた和的な調べでした。

雅楽で使われる笛には三種類あり、よく聞くのは龍笛で、高麗笛《こまぶえ》は高麗楽、神楽笛は日本古来の神楽などに用いられます。

舞楽会は「振鉾《えんぶ》」といって、場を清めるため序の舞で始められます。この時、鉾を持った舞人は鎮詞《ちんし》を三節、口の中で唱えるのだそうです。


最近見て印象的だったのが、「迦陵頻《がりょうびん》」（左舞）です。これは極楽の霊鳥といわれる迦陵頻が、天竺の祇園精舎に舞い降り飛び回る様子をあらわしたもので、四人の子どもたちが朱色の装束に翼をつけ、金色の冠をかぶり、手には小型のシンバルのような銅拍子を持って舞うのも愛らしい、童舞です。

舞人の入場の時には前奏、退場の時には後奏があります。「迦陵頻」の前奏

は「ひゅるひゃら、ひゅるりら」と、耳の中で幾千もの大小の音の玉がくるくると一斉にさんざめくような響きで、まるで妙なる声を持つ迦陵頻が頭の中でさえずっているかのような気持ちになります。鳴き声を意図した演奏なのかはわかりませんが、旋律というより複雑な音が次々わき上がるようでした。洋楽やポップスに慣れた耳には、「越天楽《えてんらく》」のような、代表的な雅楽独特の響きは強く聴こえるものですが、この時には前奏の方が印象に残り、舞と演奏が始まると、雅楽のおなじみのイメージになり、退場の後奏は、前奏より静かな感じでした。

「迦陵頻」の番舞《つがいまい》は、「胡蝶」（右舞）でやはり童舞です。四人の子どもたちの舞う姿は清楚で、緑色の装束に羽をつけ、白い菊を頭の両脇に挿し、白菊の花を持って舞ったのですが、あのとらえどころのない旋律に合わせられるのに感心します。作曲は藤原忠房、舞は敦実親王の作という解説に、平安時代にも作曲家や振り付け師がいたことが、急に身近に感じられて新鮮でした。

しかし、一般の人には旋律のとらえにくい雅楽にも、唱歌《しょうが》という口で唱える譜があり、たとえば「越天楽」の篳篥では「チーラーロールロ」、龍笛では「トーラーロールロ」と、旋律が擬音でとらえられることに驚きます。

「萬歳楽」は、鳳凰が飛んできて萬歳と鳴いた、そのめでたい声をかたどって作ったという曲ですが、その前奏は「迦陵頻」と同じ左舞でも、比べると、高低とりどりの草笛を一斉に吹き鳴らしているような印象でした。


雅楽の楽器は、それぞれが奏でる音も形もとても個性的です。篳篥と笙はどちらも竹製ですが、構造も異なれば手入れにも特色があります。

演奏者が頬をいっぱいに膨らませて、小さな縦笛に息を吹き込む姿を見ますが、それは篳篥です。あれほど存在感のある音を出すのに、長さは十八センチとずいぶん小さい感じがします。竹の管内には漆が塗ってあり、指孔は表に七つ、裏に二つです。大きな舌《ぜつ》（リード）は芦製で、演奏者自らが慎重に削ることがほとんどだといい、演奏の際には、吹きやすくするために温かい緑茶に入れて湿らすのだそうです。

火鉢（や電熱器）で焙っているのは笙で、全部で十七本の、長さの異なる竹管を円形にまとめた楽器です（うち二本は音が出ません）。竹管の太さは各一センチくらいなので、結露して音に影響が出ないようにし、演奏後も焙って手入れするのだといいます。鳳凰が翼を立てて畳んだ姿になぞらえられる笙は、楽器の形も、それを垂直に保ったまま孔を押さえて、下方部側面から息を吹き込む演奏姿もユニークで、天女が衣をなびかせながら吹いている絵姿を思い出します。吸う息でも吐く息でも同じ音を出せるのだそうです。

雅楽を聴き始めた頃は少し違和感のあった旋律ですが、耳になじんだ頃、ある喫茶店でおもしろいことが起こりました。店内のBGMは、オーナーの好みでイギリスの作曲家、エドワード・エルガー（《威風堂々》が有名）のものばかりだったのですが、久しぶりに聴いた西洋の管弦楽に対して、私の耳は、初めて雅楽を聴いた時のようなこそばゆさを感じたのでした。

魂を吹き込む

―情感を紡ぐ　人形浄瑠璃―

昔話の語りでは、耳に残る印象的なセリフや一節があります。

安寿恋しや、ほうやれほ。
厨子王恋しや、ほうやれほ。
鳥も生《しょう》あるものならば、

疾《と》う疾うにげよ、遂《お》はずとも。

これは森鴎外の小説『山椒大夫』で知られる一節で、安寿と厨子王の悲しい物語の終わりに、生き別れになった子どもたちを想いながら、老いた母が歌う鳥追いの唄です。

鴎外の『山椒大夫』は、説経節の『さんせう太夫』がもとになっています。説経節は、唱導文学の一つでもあり、語り物芸能の一つでもあります。仏教で人々を教化する説教からはじまり、中世から近世初期にかけて、社寺の片隅などで行われました。

説経説きは大傘をさしかけ、筵《むしろ》の上に立ち、ささら（竹の先を細く割って束ねた楽器）で調子をとったりしながら、各地の神仏の霊験譚・因縁の物語などを庶民にわかりやすく語りました。『さんせう太夫』も本来は金焼地蔵の由来を語ったもので、地蔵が衆生に霊験を示すものです。門を流す門《かど》説経や瞽《ご》女《ぜ》唄でも語られました。

この説経節はやがて、近世盛んになる浄瑠璃の義太夫節に押され影を潜めていきますが、その内容などは能や人形浄瑠璃（文楽）、歌舞伎の趣向にも広く取り入れられました。『さんせう太夫』だけでなく『しんとく丸』や『小栗判官』などは、映画や現代劇に今も影響を与えて上演されています。けれどそこには、「あら、いたはしや〇〇は」のフレーズが多い、説経節の語り物としての原型の面影は残していません。

説経節と同じような語り物に、浄瑠璃があります。当初は平家などの物語が琵琶や扇拍子で語られていたといい、浄瑠璃という名称は、室町時代中頃、特に三河で人気のあった『浄瑠璃姫物語』から取られました。『十二段草子』などとも呼ばれるこの話は、牛若丸と浄瑠璃姫（姫は薬師如来の申し子）の恋物語と、薬師如来の霊験譚の物語です。

永禄年間（一五六〇年代）に琉球から伝来した三線を改造した三味線が作られると、語り物はその新しい流行楽器の音色を伴奏にしたものが生まれました。同じ頃、語り物は傀儡《くぐつ》や夷舁《えびすかき》などといった人形芝居と結びつきました。傀儡は、奈良時代から平安にかけて、歌を歌い人形を遣って、土地から土地へ渡り歩いた傀儡師の芸能の流れです。夷昇は、西宮から出た傀儡師の一つで、正月に豊漁を予祝する芸能でした。

こうした語り物が、三味線を伴い、人形芝居という小屋がけの上演になったのは江戸時代になる頃でした。語り物の浄瑠璃には流派がいくつもありましたが、やがて江戸時代前期、大坂の竹本座の大夫《たゆう》、竹本義太夫《たけもとぎだゆう》が戯曲作者の近松門左衛門と組み、人形浄瑠璃は大衆芸能として画期的に発展し、民衆の娯楽として受け入れられます。人形浄瑠璃の語りは義太夫節なので、浄瑠璃といえば義太夫節（語り物系）が代名詞のようですが、後に豊後《ぶんご》節を経て派生した常盤《ときわ》津《ず》節や清元《きよもと》節などもあり、これら歌い物系のものは、主に歌舞伎音楽に華を添えています。

さて、義太夫節と三味線は、舞台の上手（客席から向かって右側）で、観客に見える場所で演奏されます。

義太夫節は関西アクセントが基本で、一人で行う語りであると同時に演劇であり、その独特な節回しは、語りと音楽の中間にあるものです。豊かな声量で、声色、抑揚、調子など自在に声を遣い、森羅万象はもちろん、若い女から老人まで、性格も身分もさまざまの老若男女の喜怒哀楽を語り分けます。時に身を振り絞ってすすり泣き、時にせっせっと訴え、時に大音声を張り上げ、声だけでなく、はっと飲む息、微妙な間、登場人物の心の機微や揺れ動く心情を、渾身の芸に込めて語る姿は、時に目が離せなくなります。

この豪快な語りに対峙する三味線は、音の力強い太棹三味線で、撥《ばち》さばき一つで感情や情景をあらわします。不思議なことにこれは伴奏ではなく、大夫の語りにぴたりと合っているにも関わらず、音として独立しています。三味線がその場面の感情の空気を作り出し、大夫がそれを吸い込んでセリフとして吐いているといったら、大げさでしょうか。人形浄瑠璃の場合、基本的には大夫一人、三味線一人で演奏し、演目によっては数人の大夫と数人の三味線の構成になります。

人形は、初期の頃はまだ小さく一人遣いでしたが、江戸中期に一体の人形を三人で操るようになりました。三人遣いでは、主遣《おもづか》いが、首《かしら》の胴串を左手で支え、無言の指示を出しながら、右手で人形の右手を遣います。左遣《ひだりづか》いは人形の左手を受け持ち、足遣いが人形の足部分を担当します。たかが足と思うかもしれませんが、俗に「足遣い十年、左遣い十五年」で、後にやっと主遣いになれるといわれます。

実際に文楽劇場で舞台を見てみると、まず人形の可憐な美しさに目を引かれます。大夫の声と三味線と人形遣いによって、人形に魂が吹き込まれた時、舞台にいるはずの人形遣いは姿を消し、人形の口から大夫の声がこぼれ、三味線は背景になります。悲しみを背中で表現する人形、恥じらいを指先であらわす人形、品格を漂わす色っぽい胸元と傾《かし》げた首、『伊達娘恋緋鹿子《だてむすめこいのひがのこ》』(八百屋お七)では恋人の危急を救うべく、命がけのお七が火の見櫓《やぐら》の梯子《はしご》を登りながら髪を振りほどきます。『日高川入相花王《ひだかがわいりあいざくら》』では、嫉妬に眩んだ清姫の激しい情念が、安珍を追い詰めていきます。

武将が腕を伸ばし足を踏ん張り、かっと目を見開く堂々たる見得、敵役の憎々しさふてぶてしさ、覚悟を迫られる忠義、のっぴきならない苦境、一途な想い、生活の中のささやかな喜び、町娘の初々しさ、おどけ者の滑稽さ、老い、気骨、いたわり、慈愛、孝行・親不孝。これが単なる人形劇ではないことは、一度でも鑑賞した人にはわかると思います。

人形浄瑠璃が、広く庶民に愛されたのは、江戸時代より過去の歴史的事件を題材にした物語を従来通り扱うのではなく、新しい創作を織り交ぜ、脚色を加えて構成や文学性を高め、演出を向上させたことにあります。江戸時代の事件もまた、巧みに取りあげられ、近松以降は同時代の人々の共感を得る、市井の人々の心を題材にした日常ドラマも生み出されました。見る者の胸に迫る、優れた人形浄瑠璃作品は、やがて歌舞伎にも用いられるようになります。現代でも人気のある歌舞伎演目の多くは、そのような義太夫狂言（丸本歌舞伎）です。

江戸時代に黄金期を迎えた人形浄瑠璃でしたが、戦後には人々の急速な文楽離れをつなぎとめるため、『お蝶々夫人』や『ハムレット』など外国のものや、『夫婦善哉』や『春琴抄』といった文芸ものなど、思いきった新作文楽を導入した時期がありました。『お蝶々夫人』のピンカートンなどは洋装で、三味線とバイオリンの合奏《蛍の光》の調べにのって、接吻の場面があったといいます。今でも斬新な気がしますが、当時の文楽の人々にとっても、観客にとっても、かなり新しいものだったのではないでしょうか。また、以前、『ハムレット』の首《かしら》を展示で見たことがありますが、栗色で青い瞳の文楽人形を目にした時は、あっと驚きました。

近年の夏休みの親子向けの公演では、口語で語られる『瓜子姫とあまんじゃく』などわかりやすい演目が選ばれ、親しまれています。また、クリスチャンの豊竹英大夫企画制作（演出・桐竹紋寿）による聖書を題材にした『イエスの生誕と十字架』や、『天変斯止嵐后晴《てんぺすとあらしのちはれ》』（シェイクスピア『テンペスト』より、演出脚本・山田庄一、作曲・鶴沢清治）など、平成の新作も生まれています。これらは、黒髪を束ねたマリアが着物を着ていたり、タイトルがあらわすように日本が舞台のものとして翻案された意欲的な作品です。

ヒュ～ドロドロ　黒御簾音楽

歌舞伎の音楽は聴いたことがないという方でも、実はこれまで何度も耳にしているはずの音があります。それは、怪談でおばけが登場する場面でおなじみの「ヒュ～ドロドロ」です。不気味さに心を揺さぶられるあの音は、歌舞伎の下座《げざ》音楽「ネトリ（寝鳥）」という効果音の一つです。

歌舞伎の音楽には、舞台の上で演奏される出囃子音楽と、舞台の表には姿を見せずに演奏される下座音楽があります。この項では、この下座音楽を中心に、歌舞伎音楽の魅力の一端を紹介したいと思います。

出囃子音楽は、役者の踊りや所作のためのものです。主に長唄、常磐津《ときわず》節や清元《きよもと》節、義太夫節などの三味線音楽と、鼓や太鼓、笛など鳴物《なりもの》で構成されます。舞台正面の緋毛氈《ひもうせん》の上に、演奏者たちが黒紋付きで居並ぶ光景は、それだけで華やいだ印象を与えます。

一方、下座音楽は舞台の下手、客席から向かって左の黒御簾《くろみす》の内側で演奏されます。そのことから、黒御簾音楽・蔭囃子とも呼ばれています。下座音楽は、唄や三味線のほか、さまざまな鳴物によって、人物の動きや心理描写、雨風といった自然現象などの効果音も担当しています。鳴物だけで音を出す場合もあるのも、下座音楽の特徴です。

また、下座音楽とは別に、柝《き》によるツケ打ちというものもあります。柝は、「チョン、チョン」というあの開演の期待が高まる合図でおなじみの音です。ツケ打ちは、床においた板を柝で打ち鳴らし、役者が見得を切る時や、激しい立ち回りの「バタバタバタッ」「バッタリ」という迫力ある効果音など、やはり場面を盛り上げるために必要なものです。そこに注目を集めるための音でもあり、その一瞬をはずせないために、タイミングがとても大事だといいます。

さて、知られざる黒御簾の向こう側は、どうなっているのでしょうか。通常は中の様子を知ることはできませんが、その小部屋を写真で見ると、一坪くらいの空間にきっちりおさまった演奏者たちは、まるで漂流中の筏《いかだ》の上に寄り集まっているみたいにも見え、演奏をするのは大変そうに思えます。出囃子とは異なり、客席からは見えませんが、舞台の進行に合わせてここで生み出される音色は、歌舞伎の舞台に欠かせない存在感があります。

歌舞伎の音楽といえば、近世に庶民の楽器となった三味線のきらびやかな音が柱ですが、能に使われている笛（能管）、小鼓《こつづみ》、大鼓《おおつづみ》、締太鼓《しめだいこ》も使われます。能は、華やかさを削ぎ落としたような地謡《じうたい》の響きが重厚で、能管のヒシギの緊張感が張り詰める感じが強いのに対し、歌舞伎はそれらに加えて、ほかにも多種多様な楽器が用いられ、衣裳も派手で豪華絢爛、明るく華やかな調子の音色もとりどりです。

さまざまな楽器の中で最も重要な楽器とされているのは、大太鼓です。大太鼓は、盆踊りの時にも見かける太鼓で、歌舞伎では劇場の広さに大きさを合わせ、演技を見ながら打ちます。撥《ばち》を使い分け、打つ場所や強弱、テンポを巧みに変えることにより、この大太鼓一つで、雨、風、雪、浪、さざ浪、雷といった異なる音をすべて打ち分け、たとえば「ビビビ」と濁った音は滝の音、雨戸に風があたって「カタカタカタ」と鳴る音、「ビンビン」響く山ヲロシなど、情感豊かに場面ごとの雰囲気を盛り上げているのです。

公開講座（「鳴物を通して味わう歌舞伎の音楽」・二〇〇九年）で、楽器類の展示とその音を目の前の実演を通して鑑賞する機会がありました。この日は音や楽器に興味のある一般の方もたくさんみえて、休憩時間も楽器の周囲につどい、熱心な質問をされていました。

楽器の中でも大太鼓のバリエーションは際立って豊富でした。たとえば、浅い川の水音をあらわす時には、大太鼓に細長い長撥を使います。撥の当たる面積を大きくしながら、角度をつけてゆき、そしてさらに左撥も加えると、みるみるうちに水深が深くなっていくのを感じられました。同じ水音でも、浪音になれば「ダダン、ダン、ダンダンダンダン」、この波音より緩やかなさざ波も作れます。

また、先端に綿の塊がついている撥で加減して叩くと降り来るものは何でしょう。「とん……とん……とん」と優しく響くのは、静かに降り積もる雪の音です。

ピッチを速く大きくすると、降りしきる雪になります。雪も降り方によって打ち方も変えるそうです。

東西では雪の音の速さが違って、東京では「ドンドンドン」、大阪では「ドン……ドン……」と間隔が広いといい、演出感覚のこだわりを感じます。雪がバサバサ落ちる雪ヲロシという音もあります。雨とは異なり、雪は実際には降る音はしないのに、その情景が思い浮かぶようなイメージの音です。以前聞いた話では、海外公演でこの音の解説をすると、雪の降る国ではなるほどと生まれる共感も、雪の降らない国では反応が全然ないということでした。

そして、おなじみの「ドロドロドロ、ヒュ～ドロドロドロ……バン、バン、バン」と響きも妖しい、「ドロ」（薄ドロ）と呼ばれるおばけの音は、大太鼓と能管（笛）の独特な音と合わせたもので、生暖かい風が吹いたあと何かを待ち受けるような、背筋が寒くなるあの感覚は、耳から体に走る旋律です。「大ドロ」の響きは、妖しげな人物が舞台にせり上がってくる時にふさわしい音です。

このように、場面によって決まっているものもあり、時代劇の中でも登城の時に使われる時太鼓、滑稽な場面でのフチ回し、また、捕り物で追われて立ち回りをする三ッ太鼓は、「トントントン、トントントン」と三回ずつ打つところからの呼び名があるようです。

また、独奏だけでなく、ほかの楽器と組み合わせる手法もあります。たとえば立ち回りにも種類があり、「ドンタッポ」という大太鼓と鼓による立ち回りの音楽は、手負いの武士など憂いを帯びた場面で使い、「千鳥の合方《あいかた》」という海辺での立ち回りになると、大太鼓の浪音に小鼓、大鼓、三味線、能管、鳥笛の合奏になります。響く雷のような迫力の鳴り響く音から、雪のような繊細な音までを大太鼓で表現できるとは、想像していませんでした。

「小玉《こだま》」は、ヤッホーという山彦の模倣です。小鼓二丁が舞台の上手と下手に分かれ、「ポン」……「ポン」、「ポンポン」……「ポンポン」と、それぞれ片方ずつ同じ調子で打たれる鼓の掛け合いが、まさしく木霊に聴こえました。深山幽谷の情景描写で使われるそうです。

演目によっては遠くで行われている祭囃子や三味線のほかに、箏や胡弓が演奏されることもあります。

なお、能では笛といえば能管ですが、歌舞伎では能管だけでなく篠笛も使います。リズム的な演奏の能管に対し、篠笛はメロディー的な旋律を奏で、三味線と合わせることが多く、調子の異なる笛を持ち替えながら演奏するといいます。素材の竹の太さや長さによって音程が変わるため、篠笛奏者の笛の袋の中は、まるで色鉛筆でも揃えたかのように、数十本の笛の束がにょっきり顔をのぞかせます。


これらのほか、皮製の鞨鼓《かっこ》や桶胴《おけどう》、団扇《うちわ》太鼓、楽太鼓など、金属製の銅鑼に半鐘、本釣鐘、チャッパにコンチキ、当り金、仏具の松虫と呼ばれる小型の叩き鉦《がね》、磬《きん》に鈴《れい》など、木や竹製の木魚、拍子木、びんざさら、四つ竹、虫笛、ウグイス笛、樽や砧《きぬた》に笏拍子《しゃくびょうし》など、皮、金属、木や竹製といった楽器もさまざまです。

打楽器の種類は特に多く、中には工夫の感じられるものもあります。木枠に四つの金属の輪《りん》が打ちつけてある、その名もオルゴールという楽器は、下座の開発品だといいます。なぜオルゴールなのかは謎ですが、愉快なネーミングです。団扇雨は、紐に通したビーズの小さい輪がいくつもついていて、油紙を張った団扇をザラザラ平行に振ると、小雨が降り出します。ちょっと振るには楽しそうですが、力の加減によって、雨音の強さも変わってくるので、一定の時間、同じ調子の雨を降らせようと思ったら、なかなか大変な技です。

一風変わったものは赤貝の殻です。これは、表面のギザギザの部分をこすり合わせることで、見事に蛙の鳴き声になります。下座音楽の中でとらえられる音の種類が多いことや、その工夫の巧みさは、音を写実的にとらえるセンスと、音を作り上げてきた先人たちのあくなき好奇心の賜物《たまもの》だと思います。

このように聴いただけで何の音かわかるのは、もちろんその音が実際の音に似ているからでもありますが、その音を再生する工夫と、象徴的な音やイメージの音から雰囲気を解する、舞台の上の約束ごとが生きている文化が背景にあるからでしょうか。

日本語と戯れる

ひとよひとよにひとみごろ

語呂合わせ

39！（サンキュー）、4649！（ヨロシク）、5963！（ゴクローサンン）と数字を言葉につなげた語呂合わせがあります。円周率を π ＝ 3.141592653（さんてんいちよん異国に婿さん）と覚えたり、2の平方根を 1.41421356（ひとよひとよにひとみごろ）と記憶に刷り込んだ学生時代、歴史の年号と出来事を覚えるのに「七九四（泣くよ）坊さん平安京」や「一一九二（良い国）作ろ

う鎌倉幕府」、「一八五三（嫌でござんす）ペリーさん」と覚えたこともあります。

数字だけではなく元素記号も「水兵リーベ僕の船七曲シップスクラークか」(H, He, Li, Be, B, C, N, O, F, Ne, Na, Mg, Al, Si, P, S, Cl, Ar, K, Ca)、古典では呪文のような「むきょうさみふわながし」（旧暦の呼称、睦月から師走までの十二月の頭文字）、「大根（今）水増」（大鏡から増鏡の四鏡の成立順）など数えきれません。誰がいつ作り出したのか唱えやすい調子と、おかしな言葉の意味と内容を持つ語呂合わせは、これからも受験生の間で脈々と伝えられていくでしょう。

語呂合わせは、江戸時代、とりわけ天明期（一七八一～一七八九）に流行した言葉遊びの一種です。辞書を引くと、「もぢり」「地口」「口合い」「語呂」ともいい、民間で言いならわされた諺《ことわざ》や俗語などに、意味の違った同音、あるいは音の似た別の語を当てはめる洒落とあります。次の例をご覧ください。

「舌切り雀」を下敷きにした「着たきり雀」

「沖の暗いのに白帆が見える」→「年の若いのに白髪がみえる」
「九月朔日命はおしゝ」→「ふぐはくひたし、いのちはおしゝ」

これらは音を介して、二重の意味とユーモアがおしゃれに絡み合わせられていますが、下敷きの語を離れ、語呂の句が一般的です。学芸史家の森銑三が、幕末頃の随筆（齋藤月岑『翟巣漫筆《てきさうまんぴつ》』）から、地口を紹介した興味深いものがあります。そのうち、現代人の感覚でもわかりやすいものを次にいくつか挙げていますが、上の段のものを読んで、何の語呂合わせか想像してみると、まるでなぞなぞのようです。

たまごの舞――玉藻前
ねこに碁盤――ねこに小判
とうじんに釣鐘――提灯に釣鐘
せんせい八両ためたな――鎮西八郎為朝
たふれそうだ秀郷――俵藤太秀郷

みづ汲む親父　秋の夕暮れ——いづこも同じ秋の夕暮れ
とゝさまは馬鹿な女郎買い、かゝさまははおやめと申します
——とゝさまは阿波の十郎衛、かゝさまはお弓と申します

人名のもじりあり、和歌のパロディーあり、カルタを茶化すものなど、題材は広く知られたものならなんでもござれです。地口は語呂合わせですから、特別な知識がないとできないわけではなくネタはひらめき次第、日常生活の中にゴロゴロしています。

そのおもしろさが発揮されているものに落語があります。たとえば、うっかりした聞き間違いのように、「あばら屋」と「油屋」、「書画が好き」と「生姜好き」、「長屋を守る家守はいるか」と聞かれて「守屋《やもり》はいません」などは序の口です。

特に、『牛ほめ』は題から「うしとうち」の地口で始まり、サゲ（オチ）まで一気に地口のオンパレードです。与太郎が新築祝いの口上を立派に言えるよ

うにと父親に習うのですが、与太郎の復唱はとんちんかんなものばかり。

畳は備後の五分縁《ごぶべり》で
――畳は貧乏でボロボロで
お庭は総御影造《そうみかげづく》りでございます
――お庭は総見掛倒しでございます
向こうの床の間には掛物が掛かっております
――向こうの床の間にはばけものがでかかって
この軸は隠元禅師《いんぜんげんじ》の唐画《とうが》の茄子《なす》の掛物
――この軸は隠元豆、ぜんまい、唐茄子の化け物
これはたしか去来の句でございます（向井去来＝江戸の俳人）
――これはたしか去年の暮れでございますな

などなど話芸だからこそ、耳で聞くといっそう楽しい応酬が続きます。
そして与太郎はうちとうしを違えて、小遣いほしさで牛を誉めに出かけ、う

ちを誉めた時に使った新築祝いの火伏せ（火の要心）の札を、牛の肛門に貼り「への要心」、という愉快なオチがきます。

また、『道具屋』では、鉄砲を買いに来た客との会話がとても小気味良いやりとりでオチに続きます。

「代は幾らだ」「台は樫です」
「いや金《かね》は」「鉄です」
「値を聞いてるんだ」「音《ね》はズドン」

さて、語呂合わせや話芸としての地口のほかにも、言い違い、聞き違いを楽しむ言葉遊びを、私たちは子どもの頃からダジャレとして親しんできたように思います。

小学校の頃、朝の通学路で「今朝何食べた？」「今日麩の味噌汁」「え！恐怖の味噌汁⁉」「ゆでたまご」「うそ〜！ ゆでた孫？」など、お互いにもう答えはわかっているのにおもしろがって、何度も言い合ったものです。「蝿がはええ」「布団がふっとんだ」「電話にでんわ」「あ〜、おいち（あ〜おいしい）（青い血）」「アルミ缶の上にあるみかん」などは、全国区で定番のダジャレの秀作のようです。思えば我が家では言葉遊びが盛んでしたが、「虎が寝とらあ！」「ねことこぶたがねころぶた」など、ぞう、らくだ、きりんをはじめ、動物を使ったヒット作で、兄が王者に輝いていました。また、テレホンショッピングの「お電話無料」を「おでんは無料」と聞き、ニュースの「汚職事件」を「お食事券」と混ぜ返したりもしました。

少し形が変わったもので、語呂合わせの言葉の後に、テンポ良く関係ない語呂をつけ足すものもあります。

その手は桑名の焼き蛤
恐れ入谷の鬼子母神
嘘を築地の御門跡
しかたなか橋神田橋

これらは、七五調の流れの良さがあります。「驚き桃の木山椒の木」、「見上げたもんだよ屋根屋のふんどし」、「蟻が十《とお》（ありがとう）ならおけらは二十《はたち》、みみずは十九でお嫁入り」などは年長者から聞き覚え、「結構毛だらけ猫灰だらけ」の啖呵《たんか》や、「あたり前田のクラッカー」、「I'm sorry ひげソーリー」、「アーメンソーメン冷やソーメン」などはテレビや映画で覚えました。

「結構毛だらけ」などは発祥が軍隊という説もあり、語呂合わせやダジャレは新旧入り交じり、形を変えつつ今も生活の中で生まれています。語呂合わせやダジャレのようなサブカルチャーは、口の端にのぼり座を和ませ、あとは記録にも残らず消えていくようなものですが、時に、時代の流れの中からひょっと顔をのぞかせ、地下水脈のように、日本の音の文化をうるおしているのかもしれません。

ほう、ほけきょう

聞きなし

日本文化の中には、あるものをほかのものになぞらえる「見なし」表現が多く見られます。たとえば、琵琶湖はその形を琵琶に見立てたことからの命名といわれています。また、江戸にあった三味線堀という地名は、地名辞典によると、下谷の佐竹家武家屋敷の入り江、忍川を棹と見て、堀の形を三味線と見立てた呼び名だそうです。

このように見立てで「見なす」文化の一方、「聞きなす」文化もあります。代表的なものは、鳥の鳴き声をそれに似た言葉で置き換えるものです。

そもそも鳴き声は、カラスの「カアカア」、鳩の「ポッポ、グルグル」など、カタカナであらわされる擬声語が多くありますが、これとは別に、その声の音を、意味でとらえた言葉遊びもあります。

鶯《ウグイス》のホーホケキョ（法、法華経）
時鳥《ホトトギス》のテッペンカケタカ（天辺かけたか）
　　ホンゾンカケタカ（本尊かけたか）
仏法僧《ブッポウソウ》のゲッゲッゲ
木の葉木菟《コノハズク》のブッポウソウ（仏法僧）
　　※ブッポウソウとコノハズクは混同されていました。

ウグイスは古来、春告げ鳥としてさえずりが愛でられ、鳴き声の美しさを競う鶯合わせなども行われてきました。室町時代以来のこの聞きなしは、今も変わらず素直に「（法）法華経」と聞きとれます。ホケキョウと鳴けない幼鳥のケキョケキョまで、「法」の言えない舌たらずな「華経《ケキョ》」に聞けるのは、聞きなしの楽しさです。

慈悲心も仏法僧も一声のほうほけきやうにしくものぞなき
大田蜀山人『蜀山百首』

慈悲心は、慈悲心鳥の声に掛けた意味で、この鳥とブッポウソウ、ウグイスの三鳥を詠み込んだものです。

ホトトギスは、平安時代には、魂を運ぶ鳥ともいわれました。万葉の和歌や室町時代の小歌では、「名乗り鳴くなる時鳥」や、「名をも隠さで鳴く音《ね》かな」といった句のように、鳴き声で名を名乗る鳥とされ、霊力のある鳥というとらえ方もされていますが、力のある特徴的な声をどう聞いていたのでしょうか。

江戸時代の川柳を見てみましょう。

ほととぎす聞かぬといえば恥のやう

このように、初鰹と並ぶ季節の風物詩の一声として一般に親しまれました。

郭公《ほととぎす》汝《なれ》もや弥陀を念ずらんほんぞんかけたる一声のうち

石田未得『吾吟我集』

「ホンゾンカケタカ」などは実際の鳴き声との相似よりも、洒落っ気ある江戸の人々が聞きなしに重きを置いて換えた言葉のようです。実際の鳴き声は、戦後にいわれ始めたという「特許許可局」の方が近い気がしますが、いずれにしても存在感があります。

現代では「ブッポウソウ」という鳥の鳴き声を聞く機会は、ウグイスやホトトギスに比べると、ほとんどありません。この鳥の鳴き声は、実は「ゲッゲッゲッ」。「ブッポウソウ」と鳴くのは、本当はコノハズクだと判明したのは昭和初期のようです。今でも名前がそのままなので、間違えやすいのですが、鳥のブッポウソウに対し、コノハズクは「声のブッポウソウ」とも呼ばれます。ともあれ、夜間にお寺の裏の森から三宝（「仏《ぶっ》」「法《ぽう》」「僧《そう》」）を唱えるような鳴き声が聞こえてきた場合、声の主はコノハズクです。

ブッポウソウのように、鳴き声からその名をつけられた鳥はほかにもいます。

語源辞典によるとスズメもその一つです。スズメの鳴き声は平安時代には「シウシウ」と書き記されており、読みは現代でいう「チウチウ」です。つまり、もとは破裂音だったと考えられる古代のサ行の「スス」は、現代の「チュチュ」に相当し、スズメの「メ」は、ツバメやカモメの「メ」と同じく鳥をあらわす語ですので、当時の感覚では、チュチュ鳥といったところでしょうか。現代ではスズメの鳴き声を「チュンチュン」と表現します。

鳥の鳴き声を言葉になぞらえとらえた例は、ほかにもたくさん挙げられます。

ツバメの「土食うて虫食うて渋～い」
メジロの「長兵衛　忠兵衛　長忠兵衛」
ホオジロの「一筆啓上」「丁稚、びんづけ、いいつけた」

鳴き声はその音色を楽しむだけでなく、耳でとらえた意味合いもおもしろがられてきました。時代を越えた定番も多いですが、どのように聞くか「聞きなし」は各自の自由です。同じ音でも、聞き手の状況や気持ち、感性によって受

ウグイス

ホトトギス

コノハズク

ブッポウソウ

けとめられ方も変わります。

では、言語が変わるとどうでしょうか。たとえば、英語でスズメの鳴き声はchirp（チャープ）（虫の鳴き声も同じ）で、なんだか一段と陽気でおしゃべりな感じがします。外国語でも聞きなしはいろいろあり、フクロウの声を例にすると、日本語の聞きなし「ぼろ着て奉公」に対して、英語では“Who cooks for you, who cooks for you all?”だそうです。音のとらえ方を興味深く思います。

余談ながら、俳句の世界では変わった生き物の鳴き声が聞こえるようです。春には「亀鳴く」、秋には「ミミズ鳴く」「蓑虫《みのむし》鳴く」がそれぞれの季語です。亀の鳴き声は「亀の看経《かんぎん》」ともいわれます。いかにも春の夕暮れなどには鳴きそうですが、これは次の和歌からきているとされ、今も受け継がれている感性です。

河越しの遠《をち》の田中の夕やみになにぞと聞けば亀ぞ鳴くなる

藤原為家『新撰六帖』

亀鳴くと仏すなほに聴きたまふ　澤田緑生
亀鳴くと聞こえて耳の遠き母　小松道子

ミミズが鳴くのは、ケラの鳴き声の誤りとは一般に知られていますが、土の中のミミズが歌うとはなんとも楽しいことです。昔話に、歌が上手だけれど目のなかった蛇から、自分の目と引き換えに歌をもらったというミミズの話があります。

蓑虫は、鬼の捨て子といわれ、『枕草子』で、親を呼ぶその声が「八月ばかりになれば、『ちちよ、ちちよ』とはかなげに鳴く、いみじうあはれなり」とあらわされ、芭蕉も一句「蓑虫の音《ね》を聞きに来《こ》よ草の庵《いほ》」と友人を誘っています。

科学的な真偽のほどはさておき、小さきものの声を想像するのも、心惹かれる楽しみです。

さて、ほかにも聞きなしがありますが、奥ゆかしさで思い浮かぶのは松を渡る風です。古典の世界では松風を、琴の調べに聞くのが約束ごとです。

茶道の世界では、茶釜の湯の沸く音や、茶臼を挽く音が松風になぞらえられます。石の溝の筋と筋がゆっくりと擦り合わさり、挽き立ての抹茶のほのかな香りとともに臼の隙間からこぼれ出る音は、ゴーォゴーローォと低く響きます。これが松林を吹き渡る風の音といわれます。茶道の世界では、静かな空間の中でその音に想いを馳せるという音の楽しみ方が伝えられています。


地名に目を転じると、音から連想してつけられた名前で、少々変わったものがたくさんあります。特に由来を知って感心したのが、京都の先斗町と大阪のジャンジャン横町です。

先斗町はその地形から、ポントという、先端あるいは先のとがったことを意味するポルトガル語が由来だといわれていますが、一説には「鴨川と高瀬川に挟まれた堤」を「皮と皮に挟まれている鼓」という読みに掛けた洒落で、鼓は音がポンとするからともいわれています。

一方、ジャンジャン横町は、大阪という土地柄らしく商売繁盛、景気よくお客がジャンジャン来るというところからだと思っていたのですが、こちらはかつて飛田遊郭へと続く道で、呼び込みで三味線や太鼓をじゃんじゃんかき鳴らした音が由来という説が有力のようです。

時代を越えて伝えられているものの中には、もっと多くの聞きなしが存在しているはずです。その機知やユーモアを分かち合える聞きなしは、今も昔も楽しいひらめきと発見の音遊びといえるでしょう。

―「点々」で大逆転 濁点―

金と銀の違いは何か、というクイズの答えは色でも価格でもなく、きんとぎん、読みに「濁点」があるかないかです。ほかにも似たもので「笊《ざる》と猿」「柿と鍵」「カラスとガラス」「過去と籠」「本と盆」「母《はは》と婆《ばば》」「羽とバネ」「野ハラと野バラ」「蚊と蛾」などたくさん思いつきます。書くのに点のあるなしでは「大」という字は、点を打つ位置で「太」や「犬」になります。

恋人に「好きだ」と言われるのと「好ぎだ」と言われるのでは、どうでしょう。ふだん、私たちは日本語のイントネーションでニュアンスの違いを意識することはありますが、それを別にしてこの場合は「き」と「ぎ」、つまり濁音のあるなしの違いで、意味の方は全く変わりません。恋人が訛っているかいないかだけで、意味が本気ならなんでもないことです。

しかし、単語を構成する一部分に過ぎないこの濁点の表記「点々」は、小兵なれどあなどれず、実は文の意味を変えてしまうくらいの大きな働きぶりを発揮することがあります。

時は戦国時代、かの川中島の合戦で有名な武田信玄と上杉謙信は互いに宿敵、好敵手であり、ともに智将として名を馳せていました。

ある時、武田信玄が上杉謙信に句を送りました。

杉枯れて竹たぐひなき朝《あした》かな

直訳すると、「杉が枯れて、竹がはびこり、勢いを増す明日は」というもので、杉は上杉を指し、竹は武田を意味します。つまり「上杉は廃《すた》れ、将来はたぐいまれなる武田が栄えるぞ」という、ストレートな嫌がらせの句です。戦場で一句ひねってライバルを挑発してやれとばかりに、勇猛果敢な信玄が謙信の反応を想像し、得意満悦で送った様子が目にみえるようです。

このちょっかいに対して、冷静沈着な謙信はどのように応えたのでしょうか。なんとその手紙にちょんちょんと墨で点を打って少し訂正を加え、省エネにして機知に富んだ句を使者に返したのです。

杉枯れで竹だくびなき朝《あした》かな

信玄は激怒して血圧が上がったのではないでしょうか。この意味は、「上杉家は枯れないで、武田(おまえ)は首が亡くなる(滅びる)未来予想図であろう」、というきつい一句です。信玄の嫌みをそっくりそのままクールに返し、濁点で大逆転の巻です。日本語では一音（一文字）の濁点の違いで、意味の違いをもたらすこともあるのです。

すぎかれて　たけたぐひなき　あしたかな
すぎかれで　たけだくびなき　あしたかな

声に出して読んでみると、どちらもなかなか音楽的で美しい句です。武道に秀で、一生を武具で身を固め、命をやりとりしていた戦国武将たちが、小さな濁点のありなしに気をとめて応酬し合ったのは、見事であり、文武の文を感じさせます。

濁点ではお坊さんも負けてはいません。弘法大師伝説にも、濁点にまつわる話があります。「鯖大師《さばだいし》」は、徳島県の鯖大師本坊（四国別格霊場四番）の縁起になっている説話です。四国を巡っていた大師が、街道の難所八坂八浜で塩鯖を運ぶ馬子に出会い、鯖を所望するのですが断られます。そこで大師が和歌を詠みます。

大阪や八坂坂中鯖ひとつ大師にくれで馬の腹病む
おおさかや　やさかさかなか　さばひとつ
たいしにくれで　うまのはらやむ

すると、馬の腹が痛み出し、動かなくなってしまいます。困った馬子が、大師に詫びて鯖を献じると、大師がそのまじないを解くために再び詠みかけます。

大阪や八坂坂中鯖ひとつ大師にくれて馬の腹止む
おおさかや　やさかさかなか　さばひとつ
たいしにくれて　うまのはらやむ

まるで、弘法大師のわがままのような展開が意外ですが、大師がその鯖を海に返すと生魚に戻ったとも伝わります。

ちなみに、それが大師ではなく行基であったりと、このような伝説は全国的に分布しており、このまじないの和歌も広く知られていたようです。

川島秀一（民俗学者）によれば、似たような「鯖大師」が残る気仙沼（宮城県）の例で、実際に馬を扱う博労《ばくろう》の家にも伝えられたものがあったそうです。

大坂や小坂の坂の真ん中で鯖一匹呉れで（くれないで）馬の腹病む
大坂や小坂の坂の真ん中で鯖一匹呉れて馬の腹止む

―とんとんたうがらし　江戸の売り声―

十八世紀、世界最大規模の百万都市に発展していた江戸の町は、多種多様な物売りでにぎわっていました。

その背景には、都市人口の約半数を占める町民層の多くに、出稼ぎや一旗揚げようかという地方出身者が多く、単身者の割合が高かったという事情があります。

江戸の人々にとっては、気軽で便利な物売りの存在は、まるで必需品が一品ずつ歩いてやってくるようなもので、入り組んだ八百八町の長屋の奥まで物売りが商品を運んで来てくれるため、食材、諸道具など、生活用品のほとんどを、家にいながら手に入れることができました。

また、物売りはそれほど元手がなくても、自分の工夫次第で手軽に始められる商売でもあり、活気に満ちた都市生活を支える流通の核となっていました。江戸の人々が往来の物売りの呼び声を聞かない日はなかったでしょう。

物売りは、それぞれが独特の節回しで、その地域への来訪を告げます。決まった場所で立ち売りをする物売りもいましたが、天秤棒を担ぎ歩いて日用品の商いをする振り売りなどは、同じ時間に同じ場所にやって来ることも多く、庶民の日常生活で時計代わりともなって、親しまれていました。

物売りの形態は百花繚乱《ひゃっかりょうらん》。鮮魚や青物、豆腐、納豆、乾物、甘酒やお茶、夜そばやしるこ売りなど、生鮮食品や飲食物系のもの、針や箒《ほうき》、蚊帳《かや》や団扇《うちわ》、炭などの日用雑貨系、簪《かんざし》や履物、衣類、紐などの服飾小物系、シャボン玉や凧などの玩具や、飴、お菓子、煙草といった嗜好品系がありました。笛売りや太鼓売りもいましたが、これらは楽器というより玩具や季節の商品（盆・初午《はつうま》太鼓）として扱われ、特にお正月の縁起物である宝船の絵や端午の節句の菖蒲、朝顔や虫などの売り声は、江戸の風物詩でもありました。そのほかにも、薬や貸本、辻占《つじうら》、かわら版、そして屑払いや日用諸道具の修繕も声高に街を流していました。

物売りの声はユニークで音楽性があります。たとえば、冷や水売りの「――ひゃっこいひゃっこいひゃっこいー」は、実際には期待するほど冷たくもなかったようですが、炎天にその声を聞くと、ひゃっこい水の一杯を求めて喉をうるおしたくなるに違いありません。

ほかにも、「梅ィぼうしや、梅ィぼし」「白玉アおしるこウー」「ヘエ油、ヘエあぶらア」「浅蜊むきん、蛤むきん」（剝き身売り）などの売り声や、「鍋、釜ァ、いかァけー」「古骨はございい、古骨はございい」(古傘買い)、「とっかえべえ、とっかえべえ」(とっかえべえ＝古金属の回収業で、飴と「取り替えよう」の意)などのリサイクル業者の呼ばわる声で、江戸の町は四季折々にぎやかだったことでしょう。また、のんびり売り歩く物売りとは別に、鮮度を競う魚屋などは、一声叫んで町を駆け抜けていたのではないでしょうか。

地をはしる声をからしの初かつほ売りものこらぬ足のはやさよ　吉野葛子

彼らの売り声は、売り物によって特徴があったようです。特に蚊帳売りは美しい声で、「もえぎのかやー」と長く伸ばす間に、五十メートルほど歩くというスタイルでした。そもそも声の美しい男性が選ばれ、売り声の訓練をしたといいます。「蚊屋売の声のいゝのを女房よび」という川柳のごとく、聞き惚れるようなよい声は売り上げを左右したのでしょう。

ほかにも、「呼び声に細く長くは眼鏡売り」は「めがねーや、めがね」、川柳の「一声半ずつ呼んで行く心太」は「ところてん、てんや」、玉子売りは、「一《ひと》声《こえ》も三声《みこえ》も呼ばぬ玉子売り」とあるように二声だったようで、それぞれにこだわりがあったようです。玉子は、一般には生玉子、遊郭などではゆで玉子が売られたそうで、「玉子、玉子」「ゆで玉子、ゆで玉子」という響きは、可愛らしい感じがします。

物売りの謳い文句は、実用品を商うものはわりとシンプルで、庶民の嗜好品になるほど扮装も派手になって工夫が凝らされているようです。

私が数ある物売りの中で一番注目しているのは、七味唐辛子売りです。なぜなら、注目を集めるための大きな張り子の唐辛子を背負う姿もさることながら、その謳い文句に心惹かれます。

とんとんたうがらし、ひりゝとからいハさんしよのこ、
すハすハからいハこしやうのこ、
けしのこ胡麻のこちんひのこ、とんとんたうがらし

声に出すと楽しいリズムで、初めて読んだ時には、語呂の良さからテンポの早い口上を勝手に想像していました。ところが江戸時代の京都の芸商人の商いの様子の再現(「町かどの藝能」・二〇〇九年)で唐辛子売りの唄売り声を聞いた時、それは、想像していたより優しいゆっくりとした童唄のようでした。商品によっては、江戸と京阪で物売りの声に違いがあるものもあったといわれますが、現代の畳み掛けるようなコマーシャルとは違い、どこかのどかな節回しです。

さて、物売りの中でもとりわけエンターテイメント性を誇るのは飴売りでしょう。次のような狂歌があります。

飴売りの陳ぷんかんぷんは通辞さへいらで集まる芥子坊主

唐人飴売りの謳い文句である、わけのわからないちんぷんかんぷんで異国風

〽とんとん
たうがらし
ひりっとからひ、
さんしよのこ

の楽しい響きに子どもたちは惹きつけられたようです。男性が女装して売り出した「お万が飴売り」や、白狐の格好をした「狐の飴売り」など、飴売りはだいたいたいが異装していて、お客が買うと唄いながら踊ってくれるというのが人気なだけに、それぞれ個性がありました。その唄やしぐさが巷で大評判になり、歌舞伎にまで所作が取り入れられたものも多く、また飴売りの方でも、芸能の所作をいち早く取り入れたりもしたようです。一代限りのもの、二代続いたもの、ロングセラーを重ねたもの、派生したものなどが入り混ざり、「○○飴売り」という数多くの飴売りの姿が文献に残されています。

飴の値段はどこも大体四文、味も同じようなものだったらしいですが、もし、私が四文握って買いに走るとしたら断然、「おぢいが飴売り」です。

おぢいが来たぞ、〳〵
さんげんばり一本四文、すてきにながいおぢいが来たぞ

おぢいが飴は、ふつうの飴より長い形をしており、それをアピールする「す

てきにながいおぢいが来たぞ」の文句は、なぜか意味不明で意味深なマザーグースの一節のようでもあります。

また、「土平《どへい》飴売り」もナンセンスさが光る素敵な謳い文句を持っています。

土平が頭に蠅が三疋《びき》とまつた、
只《ただ》もとまれかし、雪踏《せった》はいてとまつた、とへ〱、
土平といふたらなぜ腹たちやる、
土平も若い時色男とへ〱

奇抜な衣装も大人気で、唄はこのほかにも何通りかの種類があったといいます。見物客たちは娯楽として大いに楽しんだことと思われますが、売り手たちは生活をかけて、一つでも多く売るために、必死の工夫をこらしたことでしょう。

このように、物売りでもあり、大道芸のようなものは飴売りのほかにもあり、

見せて聞かせる万歳《まんざい》や辻能、門《かど》念仏やでろれん祭文、あほだら経など、中には「すたすた坊主」や「わいわい天王」といった、思わず何だろうと思うようなものもあります。

「すたすた坊主」の原型は、裸参りの代参からきたといわれます。すっ裸に藁縄《わらなわ》の腰巻、頭にはしめ縄のような藁鉢巻を締め、扇や幣などを持ち、「すたすたや　すたすたや　すたすた坊主の来る時は、世の中よひと申します」などと口早に、元気良く踊り歩きました。「わいわい天王」は、羽織・袴に粗末な両刀差し、天狗のお面をつけたいで立ちで、紙片のお札を扇であおぎ散らし、「わいわい天王、さわぐがお好き」などと囃し立て、群がる子どもたちの親から祝儀を得ました。

物売りの声は、江戸の豊かな物流のコマーシャルソングといえるでしょうか。唄にしても呼び声にしても、ほとんどの売り声で意識されている語呂の良い音楽性、ノリの軽快さは、江戸庶民の、楽観的で洒落好きな気質が生み出した、ユニークでお茶目な文化です。

感性に耳を澄ます

― 此の世の名残り　鐘の音 ―

ヨーロッパの街には、多くの教会があります。教会の尖塔から鳴り響く音は、「リンゴン」「リンドン」「リンガラゴン」「カランカラン」「コーンコーン」と、つるされた鐘の数や材質、鳴らし方で美しい音色が変わります。石造りの街や丈低い草野原で、高らかな鐘の音を聞くのは清々しいものですが、それを聞きながら、なぜかふと頭の中に浮かんだ懐かしい景色は、朱に染まる夕暮れの中

でカラスがねぐらに帰っていき、お寺の鐘が「ゴーン」。旅というのは自国の文化を再発見する楽しみもあります。

お寺の梵鐘《ぼんしょう》は、仏教とともに中国や朝鮮半島から伝えられ、かつては人々の時計代わりになっていたものですが、今では鐘といえば大晦日、各寺院から聞こえてくる除夜の鐘を連想します。

暗闇を渡っていく鐘の音は、どこかのんびりした趣もありながら、百八つの煩悩《ぼんのう》を払うという強い力を持っています。消えてなくなる音が力を持つというのは、なかなか奥深いことです。

夏に響くお盆の鐘の音もまた、特別な音です。お盆には、先祖の精霊《しょうりょう》をお迎えする迎え火、終わりには送り火を焚きますが、それと同じように、精霊を導く迎え鐘、そして冥土まで送る送り鐘を撞《つ》きます。たとえば京都では、六道珍皇寺の迎え鐘、それに対となる矢田寺地蔵尊の送り鐘が有名です。初めて撞きに行った時に意外だったのが迎え鐘で、鐘は押して撞くのが一般的ですが、迎え鐘は精霊を迎えるため、押すのではなく引く動作で撞くのをなるほどと思いました。特に、小野篁《おののたかむら》が冥府《めいふ》へ通ったという井戸もある六道珍皇寺の迎え鐘は、白壁の蔵のような鐘楼から出ている綱を引くようになっており、中の様子が見えないのが少しミステリアスです。

鐘の音は十萬億土の冥土にまで響き、精霊を迷わず導くといいます。雲霞《うんか》のような精霊がどおっと響きに乗って、あの世とこの世を通うところを想像すると、何気なく聞いている鐘の音にすごい力があるようです。けれど、除夜の鐘にしても、迎え鐘・送り鐘にしても、撞くという一つ一つの動作に込められた想いの深さが、音にのせて運ばれていくような気もします。

さて、鐘が時計代わりになっていた頃、鐘の音は聞く人によって意味を持って響きました。

隆達小歌《りゅうたつこうた》（近世初期の流行歌謡）に「恋をさせたや鐘つく人に／人の思いを知らせばや」という一節があります。これは、恋人たちが逢瀬を名残惜しみながら明け六つの鐘を聞いているところです。別れの時を告げる鐘撞き人に恋をさせたい、そうしたらこの離れがたい、恋する気持ちもわかるだろうに、といった微笑ましいつぶやきです。この唄はやや剽軽《ひょうきん》な気もしますが、このような夜明けの鐘の無情さがさらに際立つ名場面といえば、近松の『曾根崎心中』、徳兵衛とおはつの道行が思い浮かびます。

此《こ》の世のなごり。夜《よ》もなごり。死にに行《ゆ》く身をたとふれば
あだしが原《はら》の道の霜《しも》。一足づゝに消えて行く。夢《ゆめ》の夢《ゆめ》こそあはれなれ。
あれ数ふれば暁《あかつき》の。七つの時が六つ鳴《な》りて残る一つが今生《こんじゃう》の。
鐘のひゞきの聞き納《をさ》め。寂滅《じゃくめつ》為楽《ゐらく》とひゞくなり。

夜が明ける前に心中をと二人で決めているのに、この世への名残りでなかなかそれが果たせず、そしてとうとう今生で聞き納めになるべき暁七つ（現在の午前四時頃）の鐘がもの悲しく響いて終わりを促《うなが》します。

この時鐘での、明け六つはだいたい今の六時頃、暮れ六つは十八時頃で、お

おざっぱにいえば夜明けと日没のことです。季節によって日の長さが変わるため、夏と冬とでは同じ時刻に一時（いっとき＝約二時間）の差がある時の巡りでした。

また、鐘と恋といえば、「鐘に恨みは数々ござる」で知られる道成寺伝説があります。歌舞伎で有名な『京鹿子娘道成寺《きょうがのこむすめどうじょうじ》』は、鐘の中に逃げ込んだ安珍を、怒りのあまり蛇身となった清姫が炎で焼き殺してしまう説話と、それから四百年後、鐘の再興供養で白拍子（清姫の怨念）によって落下させられたという後日譚の物語です。道成寺にまつわる題材は、謡曲、人形浄瑠璃、さらには琉球組踊など幅広い芸能でも取りあげられています。

ところで、妙心寺(春光院・京都)に伝わる、南蛮寺の鐘を見たことがあります。それは、高さ約六十センチメートルほどで、アルファベット「ＩＨＳ」の飾り文字と、「一五七七」(天正五年）の年号が目を引く西洋式の銅鐘です。安土・桃山時代、宣教師たちが遠い異国の空に響かせた祖国の鐘はどのような音だったのでしょうか。

江戸時代になると、江戸の町には各所に時刻を知らせる鐘撞堂が置かれました。最初にできた鐘撞堂は、日本橋本石町で、「石町へ越すと早速びっくりし」（石町は本石町）という川柳のように、引っ越してきた人が鐘の音に驚いたこともあったようです。そして、次のような川柳からも鐘の音が親しまれていたことが感じられます。

今鳴るは芝か上野か浅草か（芝は増上寺、上野は寛永寺、浅草は浅草寺を指す）

江戸七分ほどは聞こえる芝の鐘

芝の増上寺の鐘は、東京湾を挟んだ対岸の木更津まで届いたと伝承されています。鐘とは異なりますが、火事の多かった江戸の町では、火事場を知らせる合図に半鐘が打ち鳴らされていたので、江戸っ子は聞こえてくる鐘の音に敏感だったのではないでしょうか。

また、落語の『野ざらし』に、鐘の音に関するくだりがあります。浪人先生が夜更け、美人の髑髏《どくろ》の手向《たむ》けをした時、鐘の音を聞いたという幽霊話を、八五郎が茶化す場面です。

陰にこもってボーンすると上野《うえの》は鐘は金が入っているからゴーンときましょう、目白《めじろ》の鐘が中央に鳴《な》り渡《わた》って、芝《しば》の増上寺《ぞうじょうじ》の鐘は大きいけれども海に半分音《はんぶんおと》が引《ひ》けるからグワーン、ニコライの鐘は性が良《ええ》んだか悪いのだかわからないけれども近所では少しやかましいという評判、鐘をゴンゴンカンカン叩《たた》いて仏《ほとけ》になるものならば、時計屋の近所は門並仏《かどなみおとけ》になるであろう、なんまいだァなんまいだァ……

『古典落語全集』富田宏編・金園社、昭和四十九年

にぎやかにたくさんの鐘が出てきますが、上野の寛永寺、目白の目白不動尊、芝の増上寺、そしてニコライの鐘とはニコライ堂の鐘です。ニコライ堂（正式名称、東京復活大聖堂）は駿河台にあるギリシャ正教の建物で、明治二十四年（一八九一）に完成しました。鐘はロシアに発注されたもので、お寺の時鐘の

音に慣れていた人々にとってその新しい音は、少々派手に感じられたのかもしれません。

鐘は、約千三百年間（妙心寺）や、約五百三十年間（清水寺）も音色を現代まで響き渡らせていたものもあります。第二次世界大戦の折、資源として軍部に供出され、失われてしまったものも数多いと聞きます。

しかしながら、時代ごとの音の新旧も含め、鐘の響きは時代を越えて人々に親しまれています。「イノーイノー」（関西弁で「帰ろう」の意）と鳴った弁慶の引き摺り鐘、大奥のかんざしなどの寄付で作られた鐘といった、鐘にまつわる逸話や、また姿・音・勢（文献によっては銘）で選ばれた日本三大名鐘や江戸三名鐘など興味深い話はまだまだあります。

梵鐘は、重厚な姿でありながら、その音を優しく響かせます。アタリと呼ばれる打った時の一瞬の音、オシという遠方まで届く響き、唸りの音オクリは、余韻が一分ほど続き、次第に小さくなっていきます。それが空に消えて無音になる時、まるで祈りを終えたような気がするのはなぜでしょうか。

一 涼を届ける 風鈴 一

夏は、蝉の鳴き声が合唱で聞こえてくると、さらに暑さが増して感じられます。風もただそよと吹いたくらいでは、体感の暑さに何の変わりもありませんが、そこでふいにチリーンと風鈴の音がすると、澄んだ音色の響きに一瞬の涼を感じます。実際は、音によって風が吹いたというその情景をイメージすることも関係しているのでしょうが、耳からも温度を感じる気がするとは風情のある音です。

風鈴のルーツは、中国のお寺や塔につるされた風鐸《ふうたく》といわれます。もともとは占いや儀式、風向きを知るためにも使われたという風鐸は、寺院のお堂の軒下などで見かけます。空を背景にしたシルエットの美しさが好きでよく見上げますが、重たそうな風鐸には、やはり重たそうで大きな舌《ぜつ》がぶら下がっており、

鳴るものというイメージはありませんでした。しかし、ガランガランと鳴り響く時には、その音が届く範囲の魔を追い払う役割があるそうで、確かに鳴った時には相当にぎやかな音に驚かされそうです。鬼瓦の睨《にら》みに加えて風鐸の音とは、お寺の魔除けセキュリティはなかなか厳重です。

今でも、お寺や人によっては、青銅製の風鈴を真冬にもさげている場合があります。これは涼のためではなく、魔除けの音を響かせているという意味があるようですが、その威力は、寒風吹きすさぶ中で、寒さも増して感じられます。なお、浄土宗の開祖法然がこれを風鈴《ふうれい》と名付けたことから、後に風鈴《ふうりん》と呼ばれるようになったといいます。風鈴の「りん」は、まるで音色のイメージからきた読みのようでおもしろく感じます。

ガラス製の風鈴ができたのは江戸時代中期だといわれます。室町時代末期にポルトガルからビードロの製法が伝えられた以降も、ガラスはまだまだ貴重品で一般にはとても出回りませんでした。ガラスで風鈴を作ってみようという発想もなかったことでしょうが、そのうちにガラスが触れ合う小さな響きの魅力が耳にとまり、風鈴になった背景には、涼を求め、美しい音を楽しむ意識もあったことでしょう。

さて、江戸中期から後期の川柳や狂歌に風鈴は登場しており、庶民の身近にもその音色を届けていたようです。

風鈴を扇で鳴らす暑いこと
風鈴の忙《せは》しないのを乳母と知り
知つた同士《どし》涼しとすずむ縁先に知音《ちいん》々《ちいん》と風鈴の鳴る　　宿屋飯盛

一つ目の川柳は、風が凪《な》いだ真昼の暑さを思わせます。自然の風の響きでなくては涼しさもあまり感じられません。二つ目は、せわしない鳴り方から、風ではなく乳母が子どもをあやして鳴らしていると知れる、というもので、音で子どもの気を引こうとする様子は、昔も今も相変わらずのようです。三つ目の狂歌は、その涼やかな音を「知音」＝お互いに心をよく知り合う友人という意味と掛け、さわやかな友情を詠んだものです。

季節が移りゆくと、夏には涼を感じていたその音に、肌寒さを感じるようになるところから、今度は秋を感じさせる音になります。

くろがねの秋の風鈴鳴りにけり　飯田蛇笏

これは「くろがね」(鉄)なので、南部風鈴でしょうか。鋳物や陶磁器など材質によって、風鈴の音色はさまざまです。

有名な江戸風鈴や南部風鈴のほかにも、砂張《さはり》という銅合金の一種を使った小田原風鈴や、火箸風鈴というちょっと変わった形のものもあります。有田焼や美濃焼をはじめ、全国各地の焼き物の産地でも作られています。デザインが工夫され、見た目がおもしろいものも増えました。聞いてみたいのは炭の風鈴の音です。棒状の炭をつるした炭風鈴は、竹炭や備長炭など炭の種類によっても「コロン」「チリン」「キンキン」など、音色の軽やかさが変わってくるのだそうです。

南部鉄の産地水沢(岩手県)では、毎年初夏から夏の間、JR水沢駅にいろいろな形の南部風鈴が飾られることで有名です。風の吹き抜ける駅のホームでたくさんの南部風鈴が、一斉に短冊をひらひらなびかせ奏でる音色は、きっとさわやかな清涼感を運ぶことでしょう。また、毎年七月に行われる川崎大師風鈴市（神奈川県）では、北海道から沖縄まで全国八百八十種類もの風鈴が集められます。各地方の特色ある、見るも楽しい独創的なデザインのものが一堂に会し、風の音にいろんな色がついて流れていそうです。

ところで、風鐸や風鈴のように、鈴の音にも呪術的な意味があります。神社のお賽銭箱の前に下げられた、太い綱を揺すって鳴らす大きな鈴は、その音もガランガランと大きく響きます。これは神前で神の注意を引きつけるためで、神楽で巫女が舞う時、金色に輝く、小さな三角錐の輪に、複数の鈴がついた巫女鈴を手に持って振り鳴らすのも、同じ意味があるそうです。そういわれてみれば巫女鈴は舞う時、シャンシャンシャンシャンとリズム楽器的に鳴らすというより、「シャン……シャン……」と一振りずつ確かめるような間を取ります。また、揺れることで涼やかな音を鳴らす小さな玉は、破魔矢の鈴、お守りの鈴、女の子の着物の小物などにつけられ、生活の中で魔除けの音を響かせます。

金属の鈴は大陸から伝来したものですが、縄文時代には土鈴がありました。郷土玩具にもある土鈴とつながりがあるのでしょうか。土らしい、のどかで穏やかな音がする土鈴は、音が良いと外国人観光客に人気があるようです。

本居宣長は、鈴が好きで蒐集《しゅうしゅう》していました。書斎も「鈴屋《すずのや》」といい、床の間の脇には三十六個の柱掛鈴《はしらかけすず》をさげ、疲れた時には「さやさや」というその響きに心を休めていたといいます（宣長著『鈴屋集』五・本居宣長記念館）。『源氏物語』や『古事記』などの膨大な研究の間に鈴の音で和んだというのは、なんだか微笑ましい気がします。

なお、「鈴虫」は鈴の音のように耳に心地良い鳴き声が愛され、女性の澄んだ美しい声を喩えて「鈴を転がしたよう」と表現するように、宣長に限らず、鈴は日本人にとって好感のある音だといえるでしょう。

近年では、風鈴の音に癒しを感じるところから、風鈴コンサートなどが開かれるようにもなる一方、住宅地でつるすと、近所での騒音問題に発展するケースもあります。涼やかな響きでも、せわしなく響くと逆に耳障りになってしまうこともあるという例です。

風鈴は揺れて、外側の本体と、その内側にある舌が響き合うことで音が鳴ります。その音が、心地良い音色に聞こえた時は、風鈴と自分の心が響き合っているような気がします。響き合う音でなければ、風鈴の音色から風情が漂うことはなく、材質やデザインがさまざま工夫されても、こればかりはプラスチックというわけにはいかないのではないでしょうか。

みりりみりりと歩くなり

感じる音

擬音語・擬態語は、そのイメージに対するみんなの共通理解といえます。とても便利なもので、音や状態をあらわすだけでなく、間接的には物の材質、光や温度や情況のようなことまで言いあらわすことができます。

動物の足音を「ぴょんぴょん」「パカパカ」と表現したりしますが、その足音の表現で何の動物かは簡単に想像できます。人間の足音も、「カッカッ」「コツコツ」、「ペタンペタン」、「カランコロン」など、歩き方や履き物によって音が変化します。瞳の輝きは、「キラキラ」と「ギラギラ」では心のありようも含めて、がらっと印象が変わります。風は「そよそよ」「ざわざわ」「ビュウビュウ」「ピューピュー」吹きますが、それぞれが程度の強さや、温度の違いを感じさせます。

風で舞い落ちる花びらは「ひらひら」と「ひらりひらり」では落ちる速さが違います。現代では、この「ひらひら」は軽く薄いものが風にひるがえる様子ですが、平安中期では火や光のひらめくさまをあらわしたようです。

（大きな猪が）石をはらはら食ば、火ひらひらと出て、毛をいからして

『今昔物語集』巻二十、第十話

冬の寒い早朝、念仏を唱えて歩く寒念仏の情景を詠んだ川柳もあります。

寒念仏みりりみりりと歩くなり

「みりりみりり」も、今ではあまり聞かない擬音ですが、これは霜柱を踏む音です。今は霜柱を見かけなくなりましたが、小学生の頃は校舎の裏で、太い霜柱をざくりざくりみんなで踏みつけて遊んだ思い出があります。

宵過《よいすぎ》や柱みりみり寒が入《いる》　小林一茶

このミリミリは厳しい寒気の音となります。

時に「ワクワク」弾んだり、「ちくちく」傷んだりする胸は、気持ちによって「ドキドキ」「どきん」「バクバク」「トクン」と波打つ鼓動も変化します。

また、テレホンショッピングのCMなどでは、訴えかける擬音語・擬態語がやたらといきが良く、「このシャツ一枚でポッカポカ！」、「今回はドーンとこのお値段で！」と言われれば、お得感は増し増しです。このように、細かい微妙なニュアンスまでを言い分けられる数多くの語を、私たちは自由自在に使い分けて生活しています。

けれど、これらの感覚は子どもの頃から自然に親しみいつのまにか覚えたもので、漢字のように必死で習得したものではありません。

読み聞かせてもらった昔話では、桃は「どんぶらこっこ」と川を流れてきて、おむすびは「こんころりん」と転がり、狸は「カチカチ」山でひどいめにあいます。また公園では、シーソーを「ギッコン、バッタン」と漕いだり、「とんとんとん、何の音？　風の音」と、わらべ歌を歌いながら遊びます。音の言葉を与えられた子どもは、次には自発的にままごとで人形を動かし、「とことこ(歩く音)、こんにちは」とか、「ぴゅーん(空を飛んできた)」など、動作の擬音語・擬態語を自分で言いながら、セリフを喋ったりします。車を運転中のつもりで「ブッブー」と言いながら歩き、電車は「ガタン、ゴトン」、バイクは「ダダダ、バリバリバリ」と音で種類を区別します。余談ながら、戦中派の知人は、飛行機の爆音で敵機か味方機か聞き分けることができたといいます。

子どもの遊びの場合は、本人は意識せずに自分の世界の中で自然にやっているのですが、反対に、意識的にそれを盛り込んでいるのが狂言です。狂言は、滑稽《こっけい》な物語を大げさな身振り手振りで演じる喜劇ですが、舞台装置はほぼ何もない中で、そのシンプルさを補って余りあるほど、口で唱えられる効果音が魅力的です。

演じる場合だけでなく、語る場合も、擬音語・擬態語で情景をよりリアルに描写します。軍記物など、まるで見てきたかのように鮮やかに場面が語られるのは、これらの語あってのことでしょう。記憶に残る印象的なものに、『平家物語』で那須与一が扇の的を射貫く場面を思い出します。

与一鏑《かぶら》を取つてつがい、よつぴいてひやうど放つ。

よく引きしぼって放たれたかぶら矢は「浦響く程長鳴りして（中略）ひいふつとぞ射切つたる」という上首尾をおさめます。「奥《おき》には平家ふなばたをたたいて感じたり、陸《くが》には源氏ゑびらをたたいてどよめきけり」と、緊張と静寂から一転し、両陣営からどっと賞賛がわき起こるくだりは、一連のすべての動作に音が表現されているからこそ、最後のどよめきがリアルに立ち上がっています。

文学者と擬態語について、山口仲美（擬態語・擬音語の研究者）によると、松尾芭蕉や与謝蕪村が慎重に使っていたのに対し、小林一茶は擬音語・擬態語好きで、芭蕉の五倍、蕪村の八倍は使っているのだそうです（『暮らしのことば　擬音語・擬態語辞典』）。確かに一茶の俳句は、どちらかというと川柳や狂歌の感覚に近い、軽妙な句が多くあります。

稲妻にへなへな橋を渡りけり
松虫や素湯もちんちんちろりんと
水鳥よぷいぷい何が気に入らぬ
朝晴にぱちぱち炭のきげん哉

とはいえ、芭蕉や蕪村も、音そのものや擬態語に無関心だったわけではなく、より繊細な感性で音を想像させたようです。

古池や蛙《かはず》飛び込む水の音

芭蕉の有名なこの句は、川柳で「芭蕉翁ぼちゃんといふと立留り」とからかわれるほど、音を強く意識したものです。ほかの代表的な句を見てみましょう。

閑さや岩にしみ入る蝉の声
ほろほろと山吹ちるか滝の音

次の蕪村の句もよく知られています。

春の海ひねもすのたりのたりかな

文学にも日常生活にも根付いている擬音語・擬態語ですが、山口仲美教授によれば『今昔物語集』で使われている語は、「くるくる」「きらきら」などの語が、現在でも五十三パーセントは残っているということです。私たちは九百年近く前から存在するアンティークな言葉を日常何気なく使っているわけです。

そのほかにも、今では「徹底的に」という意味になっている「とことん」は、もとは舞踏の足拍子からきたものです。「とんとん拍子」といえばなるほど拍子です。「てんてこ舞」も舞と音楽の音からきた語でしょうか。「とんちんかん」は鍛冶《かじ》の交互に打つ相鎚の音が揃わないところから、つじつまが合わずいき違うことをあらわします。

また、擬音語・擬態語の中には、「目がらんらん(爛爛)と輝く」「つやつや(艶艶)の髪」や「心情をせつせつ(切切)と訴える」、「とうとう(滔滔)と流れる川」、「湯がふつふつ(沸沸)と沸く」など、漢語からきたものもたくさんありますが、こうした異なる文化圏からきた感性の共有もおもしろいと思います。

さて、ケータイの写メールを撮る音に「チロリン」というシャッター音をわざわざつけているものがあります。あれはいかなる擬態音なのでしょうか。

ゴクゴク、プハーッ！
おいしい音

日本文学を外国語に翻訳する時、擬音語・擬態語の微妙なニュアンスを伝えるのに苦心するといいますが、日本語には約千二百種類あり、その数は英語の三倍から五倍ともいわれています。なくても意味は通じ、別の言葉でも言い換えができるため、コミュニケーションの必需品ではないのに、あるといきいきしてくる不思議な語です。

特に食べることや、料理に関する音の喩えは、興味があるせいか、耳から脳、そして味覚にまですんなり入ってくるようです。

たとえば、野菜を包丁で刻む「トントントントン」という音は、まな板の響きもリズミカルですが、「とたんとたん」「すとんすとん」だとまだ包丁の扱いに不慣れで危ない感じがします。揚げものの仕上がりも、「カリッ」とした仕上がりと「べっちょり」とでは、命運が分かれます。「シャカシャカ」手早く研いだ米を、お釜で炊く加減は「始めちょろちょろ中ぱっぱ」であると教えられます。湯を「ぐらぐら」沸かし、エビは「ぷりぷり」にさっと茹で上げます。フライパンで「ジュウジュウ」焼いた肉に「ぷつぷつ」煮えたソースを「どろり」とかけます。蓮根の歯ごたえは、「シャキシャキ」しているのがよく、納豆は「ねばねば」、卵は黄味が「ぷるん」したのが新鮮で、ビールは「キリリと冷えた」ものが乾いた喉をうるおします。

お腹がすいて、「むしゃむしゃ」食べるのは大きなおむすびです。うどんは「つるつる」食べますが、蕎麦はそれよりコンマ五秒早い「つるつる、ゴクン」のようです。「ちんちろりんのパーリパリ」といえば、お茶漬けをかっ込み、タクアンを噛む様子です。「ぺろぺろ」なめるのはソフトクリーム。口の中で「とろり」と溶けるのはアイスクリームです。

居酒屋メニューでも「大根のパリパリサラダ」、「もちもち食感ピザ」、「とろとろプリン」、「つるつるうどん」、「カリカリベーコン」、「ピリ辛チキン」、「ホクホクポテト」、「コリコリ軟骨の唐揚げ」など、耳や目においしい言葉です。

擬音語・擬態語がそのまま名前になっている料理があります。「しゃぶしゃぶ」は、もとは中国北部の羊肉を使った鍋料理がルーツですが、大阪の牛肉店スエヒロが昭和二十七年に店に出した時のネーミングだそうです。この料理の主役である薄切の肉が、鍋の湯の中で振り動かされる様子があらわされていて、その後ふうふう言いながら頬張る肉への期待感と、耳新しい擬態語の、それは何かと思わせるイメージが込められた、実にうまい命名だと思います。ちなみに昭和三十年には「肉のしゃぶしゃぶ」という商標登録もされていますが、「肉のしゃぶしゃぶ」と、わざわざ「肉の」という語がついているのは、この料理名が他店でも広く使えるようにという配慮からだといいます。

長崎ちゃんぽんの「ちゃんぽん」も何やら印象的な響きです。これは麺類と肉、野菜を一緒に煮込んだ郷土料理の一つですが、この名の由来は、中国福建省の方言の喰飯（シャンポン＝簡単なご飯）からきたという説、あるいは挨拶の「吃飯《シャポン》」がなまったという説、また、楽器で異なるものを合わせた音の「ちゃんぽん」、つまり鉦《しょう》のチャンと鼓《つづみ》のポンを混ぜた近世語との造語かともいわれています。

沖縄料理の「チャンプルー」は豆腐や野菜を炒めたものですが、沖縄方言でも「チャンプルー」は「まぜこぜ」の意味があります。また韓国にはチャンプルーによく似た「チャンポーバブ」という、白飯にごちゃまぜ野菜スープをかけた料理があります。このほかにも、ポルトガル語の「混ぜる」という意味の「チャンポン」説や、中国系マレー語語源説もあり、由来すらもちゃんぽんになっているのが愉快な料理です。

一般に西洋ではテーブルマナーで雑音を嫌い、スープを飲む時に音はたてないように、ナイフやフォークをカチャカチャいわせないなど気を遣います。

その西洋でも、乾杯の時には、グラスを奥ゆかしくチリンと鳴り合わさせ、誰かがスピーチを始める時の合図では、グラスの縁をスプーンなどで軽くチンチンと鳴らせて注目を集めたりもします。音をたてないことが前提のマナーの中での意図的な音は、何かの象徴の響きなのでしょう。

一方、東洋では食事の際の雑音はあまり頓着しません。たとえばそばやうどんは音をたてて食べるのがおいしい、という意見も多数派です。道路の看板で「すするのは日本の文化」と大書きされた製麺会社の広告看板を見たこともあります。かつてテレビのお茶漬けの宣伝で、すすり込む音が聞き苦しいか否かという議論が起きました。

確かにすする音を抑えて麺類を食べるのは難しいことです。それでも日本では許されるのはそこまでで、「くっちゃくっちゃ」噛むことや、人前でゲップなどはもってのほか、喉を鳴らして飲み物を飲むのも下品であると注意されます。しかし、ビールなどはテレビコマーシャルで豪快に喉を鳴らして「ゴクゴク」飲み、飲み終わりに「プハーッ！」と満足の息をつきます。お隣の韓国では、お酒を飲む時に年長者が同席する場合、必ず横を向いて慎ましく飲む習慣があります。昔の習慣だと思っていたら今でも韓国の若者はさりげなく横を向いてそのマナーを守ります。

以前、内モンゴルから我が家に留学生が来た時のことです。まだ少年のような彼は、焼いた肉をほおばり「くっちゃくっちゃ、くっちゃくっちゃ」とわざとのように大きな音をたてて食べました。その大胆な無邪気さに、思わず家族中の視線が彼の口元にくぎづけになりましたが、同時に彼が笑顔で「おいしい音！」と言ったのです。草原を馬で走るという生活をしている彼の故国では、振る舞われた肉が大きくおいしい肉であることを表現するために、大きな音をたてて食べるのが感謝と礼儀だということを後で知りました。おいしい音を聞く意識には文化差があるようです。

幻想が生み出す音

こをろこをろ

神話の中の音

極楽といえば、極楽浄土に往生した者の座す蓮《はす》の台や、極楽往生の縁を結ぶ蓮の糸から、蓮の花が咲き揃っているイメージがあります。蓮は夏の七月から八月頃が最盛期で、池や泥田からすっくり伸びた茎の先に大きな蕾をつけ、ぼんぼりのように丸みのある蕾の花からは、ほのかに良い香りがします。蛙が雨宿りに使いそうな、風にひるがえる大きな緑の葉も、浄土の花らしく見た目に

清らかです。

蓮の花は開く時に、神秘的な音がするといわれています。その音が聞きたくて、蓮の咲く夏の早朝に何度も蓮池に足を運びましたが、いまだに聞いたことがありません。けれど、十六枚の、大きく美しい曲線の花びらが開く時には、張り詰めた、しかしやわらかい、籠った花の息のようなぽんという音がしそうな気がします。

散る時はどうでしょう。蓮の花びらは、一枚ばらりと散ります。これは耳で聞く音でもあり、目で見る音のようでもあります。それは静まったお寺の境内の蓮池に、一瞬波紋が広がり、消えていくような余韻の残る響きに聞こえます。花の散る音というのは、あまり聞かないのでめずらしく思います。

芥川龍之介の『蜘蛛の糸』を読んで、お釈迦様が散歩をした蓮池には、下界の地獄とは対照的に、全く音のない静謐《せいひつ》な空間の印象を持っていました。でも伝説の迦陵頻《がりょうびん》が鳴き、時々蓮の蕾が開く音がするなら、極楽も静かなだけではなく生き生きとした明るい感じがしてきます。妹に「極楽の音はどんな音だと思う?」と聞いてみましたら、「温泉の静かな休憩室で甘栗をむく音」と答えが返ってきました。

さて、一方の地獄をイメージしてみると、こちらは燃えさかる業火の中、鬼と亡者たちが蠢《うごめ》き、地獄の釜が煮えたぎる、阿鼻叫喚《あびきょうかん》の騒々しさに満ちた世界です。もしも、そのような世界の蓋が開いたとしたら、それはどのような音でしょう。

お盆には、地獄の釜の蓋が開くといわれます。正確には「地獄の釜の蓋も開く」で、お正月とお盆には、閻魔大王にお詣りするための日があり、この日は獄卒も罪人を責めず、昔は薮入り(奉公人の休暇)でした。真夏のうだるような暑さの折、地獄の大釜の蓋が開くのを想像すると、銅鑼《どら》のような大音声の響きとともに、なぜか巨大なマンホールの蓋のような物がどわぁんと開き、もうもうとした湯気の中から一斉に、解放された魂魄《こんぱく》がどっと吐き出されるような迫力を感じます。この地獄の釜の音のイメージはどこからきたのでしょう。

「釜鳴り」という煮え立った釜の湯の音で吉凶を占う神事があります。上田秋成の『雨月物語』の「吉備津の釜」にも登場しています。

吉祥《よきさが》には釜の鳴声《なるこゑ》牛の吼《ほゆ》るが如し。凶《あし》きは釜に音なし。

このように釜の鳴る音は、音がないという意外さが、さらに恐ろしさを感じさせます。そして、釜が鳴ると吉で、音がしない場合は凶という、釜鳴りの結果を無視した結婚が不幸を招いています。この御釜祓《みかまばら》いの神事は今も吉備津彦神社や、各地の神事で行われています。

実際には聞こえない、聞いたことのない音を想像してみる中で、特におもしろいと思ったスケールの大きな音が『古事記』に登場します。イザナギとイザナミの国生み神話で、二柱の神は、水に浮いた脂のようにまだ形が定まらず、くらげのように漂っているものを固めて国にするため、天の浮き橋から天《あめ》の沼矛《ぬぼこ》をさし下ろし、かき回します。

鹽《しほ》こをろこをろに畫《か》き鳴《な》して引き上げたまふ時、其の矛のさきよりしただり落つる鹽、かさなり積もりて島と成りき。是れ淤能碁呂島《おのごろじま》なり。

この「鹽《しほ》」は「潮《しお》」で、海水の意味ですが、神話なので国となる要素の含まれた特別な海水です。そして、こをろこをろとかき鳴らして、矛を引き上げた時のしたたりが積もってできたのが、淤能碁呂島《おのごろじま》で、イザナギとイザナミはここで次々と国を生んでいきます。国が生まれる音などは想像もしたことがなく、古代人の豊かな発想には驚きます。

では、『日本書紀』ではどうでしょうか。

其の矛の鋒《さき》よりしただる潮《しほ》、凝りて一《ひとつ》の島《しま》に成れり。名づけておのごろ島と曰《い》ふ。

こちらは、こをろこをろという素敵な音はでてきません。編纂の性格の違いはありますが、よく両者が比較され、『古事記』の方がドラマチックだといわれます。国の形成のこの場面でもやはり、『古事記』の方がいきいきと感じられるのは、かき回し、かき鳴らす音の効果が大きいように思います。

余談ですが、コオロコオロという音は、後の世の、あるものの泣き声に似ていて、ふっとおかしくなりました。それは、落花生です。江戸時代の芸商人の、落花生《らっかしょう》売りの唄は、唐人豆の落花生が子狐に拾われ、山の暗い土の中に埋められて、周りの暗さを嘆く、という物語仕立てですが、その中で落花生は、「カラコロカラコロ」と泣くのです。落花生が泣くという想像もおもしろいですが、いかにもそう泣きそうな可愛い姿です。

さらにカラコロという音の連想が飛躍して、カランコロンになると下駄の音になり、イメージの音が耳に聞こえる現実の世界へ戻ってきました。

しかし、花の咲く音や散る音、雪の降る音、張ってある蜘蛛の糸が切れる音、するする月が昇る音、神々の笑い声、想像上の声や音、まだ聞いたことのない音を勝手に想像するのもささやかな楽しみで、時々イメージの向こうの静かな音に耳を澄ましてみます。そして、歴史や文化の中でとらえられ再生されたその声や音を聞く機会があった時は、とても嬉しく感じます。

ひぃよろよろ ―想像上の鳴き声―

龍の鳴き声を聞いたことがあるでしょうか。

京都の相国寺というお寺に「鳴き龍」がいると聞いて、龍の鳴き声はどんなものか想像してみました。龍といえば水の神でもあり、襖絵では逆巻く雲や波を背景にして、岩の上で咆吼《ほうこう》する虎と睨み合っています。とすれば龍も虎に負けじと大音声で、すさまじく「吠え」、その声は大気を震撼《しんかん》させ、雲を千切り、雷鳴を呼ぶのではないかなどとあれこれ考えてみたのですが、偉大なる龍の「鳴き声」は、どうも想像がつきません。そこで、ワクワクしながら龍の鳴き声を聞きに出かけました。

相国寺法堂の天井に大きく描かれた、狩野光信筆「蟠龍図《ばんりゅうず》」は圧倒的な躍動感をもって頭上から迫ってくるようです。堂内をぐるりと一周して、どこから見ても龍と目が合うのも不思議です。そして、指定されたある場所に立ち、パンと手を叩くと、こちらをじっと睨んだ龍が確かに鳴きました。

鳴き声は、一瞬拍子抜けしたくらい予想外のものでした。しかし、擬音語でカタカナにはめてしまうにはあまりにも惜しい音なのと、まだ聞いたことのない方の将来の楽しみのため具体的には書きませんが、個人的には遠ざかる龍の哄笑《こうしょう》のようでもあると思いました。堂内の天井の高み奥深くへ乾いた音が渋く響き渡るのを聞き、「鳴き声」とした先人たちの感性を新鮮に感じます。

天井に描かれた「鳴き龍」は、全国のお寺に点在します。有名なのは、東の日光東照宮、西が先に挙げた京都の相国寺、南は鳴龍山妙見寺（長野）、北は龍泉寺（青森）で、四つ鳴龍というそうです。ただし、龍泉寺は焼失していて残念です。ほかにも、興聖寺（京都）、善光寺（長野）、正乗寺（秋田）、高幡不動（東京）、城上神社（島根）などが知られ、正源寺（富山）の鳴き龍は、川の氾濫を知らせて鳴いたという言い伝えも持っています。これらのほかにもまだ多数、鳴き龍の声は思いのほか各地方、地域で聞けるようです。

また、それぞれのお寺の龍によって声の聞こえ方が違い、バリエーションがあるようなので、機会があれば別の龍の鳴き声も聞きに行きたいと思っています。

想像上の動物の鳴き声はおもしろく、ほかにも何かないかと思っていたら、天狗や迦陵頻伽《がりょうびんが》がいました。

まず、天狗は鳴くものだとは思っていなかったので、「ひいよろよろ」、「ひいひい」(現代語でいうと「ぴーひょろ」)と鳴くことを知って思わず笑ってしまいました。山口仲美（古典文学者）によると、これは狂言『天狗の嫁取り』にあるもので、ウグイスの鳴き声を真似しているのですが、年功を積んだウグイスは天狗になるとか、天狗の妖術が破れるとウグイスになるとかいう『今昔物語集』の話からきているそうです。

そういえば似たような鳴き声に鵺《ぬえ》がいます。鵺は伝説の怪獣で、源頼政（平安末期の武将）が宮中で退治したといわれています。

小さい頃、父が「鵺の鳴く夜は恐ろしい〜」と何かの映画の台詞らしきものを唱え、私たち兄妹を怖がらせたことがあります。「ぬえって何？」と聞いても父もその正体を知らず、肩をすくませ首をぶるぶる振るばかり。長らくその正体は謎のままでしたが、その名前の生き物が、夜更けに不気味に鳴くとしたら、恐ろしいような気がして、布団を引きかぶって想像を膨らませました。

しかし高校の時、伝説の鵺は、頭は猿で胴は狸、手足は虎で尻尾は蛇、という嘘っぽい姿であることを知り、さらに大学の時、その声はトラツグミに似ており、トラツグミは「ひいい、ひよお」と鳴くと知ってから、不気味な魔力は退いていったのでした。

迦陵頻伽は、その仏教的な響きがあらわすように極楽に住む鳥で、妙音鳥、好声鳥とも訳され、妙なる声を持つといわれています。「妙なる声」が如何なるものか、ぜひ知りたいと思いますが、こちらは、出典が天竺（インド）なので、彼の地の人の感性に合わせた好い声なのでしょう。インド映画を見ていると、隈取りをした大きな目の美女が喉の奥から高音を転がすように響かせて歌い踊るシーンがありますが、そんな声かもしれないと密かに思っています。

もしかすると皆さんの中には、迦陵頻伽の姿を目にしたことのある方もいるかもしれません。先にも触れましたが、雅楽には『迦陵頻』という童舞があり、子どもたちが、迦陵頻に扮して、そのさえずりをあらわしたということの曲を舞います。

同じような想像上の鳥でも、フェニックスは、エジプトのベンヌが起源で、ヨーロッパと中東の伝説の不死鳥です。中国の鳳凰は、本来雌雄二羽の対を意味します。中国語での発音はわかりませんが、治世に関係しておめでたい時に「萬歳」と鳴くようです。雅楽の『萬歳楽《まんざいらく》』は、則天武后作といわれ、鳳凰が飛来し、萬歳と鳴いたのでその声を象徴にしたという縁起のいい曲です。ロシアの古い伝説の火の鳥も天空の生き物で、純金の羽と水晶の目を持つといわれています。そして、インド（天竺）の迦陵頻伽、高松塚古墳にあらわされている四神の朱雀、白虎、青龍、玄武など、想像力をかき立てられる天空の生き物がたくさんいます。

文化や所が変われば、声のイメージは異なるのでしょうか。ヨーロッパの想像上の動物でも、たとえばユニコーンは、ひょっとして馬の嘶《いなな》きではなく、思いも寄らない鳴き声なのかもしれません。高貴な生き物だけでなく、人魚やカッパなどの鳴き声はどんなものだろう、などと想像はあちらこちらに飛んでいきます。

言霊を宿す

―みそひともじ 和歌―

意外なことに現代の私たちにとって、和歌はそれほど歴史の彼方のものではありません。新聞を広げれば、各紙の歌壇を通じてお茶の間で俳句や短歌、川柳を気楽に読むことができます。千三百年以上前の形式を受け継いで作られた新しい詩歌が、読者の投稿によって毎週新聞に掲載されるというのは、世界でもめずらしいことではないでしょうか。また、雑誌などでも投稿が盛んで、サ

ラリーマン川柳、学生短歌、企業の公募もあります。
三十一文字《みそひともじ》と呼ばれる和歌の五・七・五・七・七のリズムは、今様のほかにも、五・七・五の長句と、七・七の短句の唱和が基本の連歌や、連歌の発句の形式を受け継いだ俳句や川柳、狂歌という新しい定型詩を生み出し、能楽、人形浄瑠璃や歌舞伎の演劇の詞章、近代詩の中で受け継がれてきました。

私たちも心地良いと感じる、音で感じるリズムといえば、やはり五七調・七五調だといえます。定型のリズムの中で、自由に心情を歌ってきた日本人の言葉の音感は、リズムの基底に流れ続けています。

けれど、和歌は文字で鑑賞するもので、声に出して歌われるものだという認識はほとんどの人にはありません。家庭などで百人一首のかるた取りをする時、読み札の句を声に出しますが、これは和歌そのものを鑑賞するためではなく、札取りのための読み上げです。ですから最後まで聞かず、上の句だけで終わるものもあります。しかし、和歌は本来歌うものでした。

音声で歌われた和歌を聴いたのは、あるテレビ番組がきっかけでした。犬養孝（一九〇七―一九九八）は、万葉の風土に根ざした『万葉集』の理解と和歌を歌って味わうことを提唱した万葉学者です。犬養節といわれるオリジナルの独特な朗唱で、その魅力に親しまれた方もいると思います。奈良の山々を背景に、のびやかに朗々と歌われた和歌を聴いた時、文字によって紙の上に封じられていた和歌が、はがれるように立ち上がり、声によって自由に解き放たれたかのようで、衝撃的でした（犬養節は、奈良にある犬養万葉記念館でも聴くことができます）。

『万葉集』には、奈良時代とそれ以前の時代を含む約四百年間にわたる、天皇から庶民までのさまざまな階層の人々が詠んだ和歌や歌謡などが、文字によって今に伝えられています。東歌《あずまうた》や防人歌《さきもりうた》もおさめられたこれらの和歌が、実際にどのような節で歌われたのかは明らかではありませんが、歌われたというのは大きな要点だと思います。特に、歌垣や相聞歌は恋愛の歌が中心で、私が歌いあなたが応えるという形式では、歌うことで、より心の深い想いや機微を伝え合ったのではないかと想像が膨らみます。どのようなメロディーに想いをのせていたのでしょう。

『万葉集』の和歌は、豊かな人間性が率直に歌われていることもさることながら、反復と対句が多いという特徴があるように、そのリズムが魅力にもなっているような気がします。たとえば、現代でも山上憶良の歌に人気があるのは、家族を思う深い心情だけでなく唱えやすい口調の優しさの故ではないでしょうか。

憶良らは今は罷《まか》らむ子泣くらむそれその母も我《わ》を待つらむそ
（「らむ」の繰り返し）巻三、三三七

瓜食《は》めば子ども思ほゆ栗食《は》めばまして偲《しぬ》はゆ
いづくより来たりしものそ眼交《まなかひ》にもとなかかりて安眠《やすい》しなさぬ
（「～ば　ゆ」の繰り返し）巻五、八〇二

言葉遊び的なものもあります。

来《こ》むと言ふも来《こ》ぬ時あるを来《こ》じと言ふを来《こ》むとは待たじ来《こ》じと言ふものを

（来ようと言っても来ない時があるのに、来ないと言っているのに来るかもしれないなんて待ってはいられない、だって来ないって言っているのですもの）

大伴郎女　巻四、五二七

白珠《しらたま》は人に知らえず知らずともよし知らずとも我《われ》し知れらば知らずともよし

（五七七・五七七調）元興寺僧　巻六、一〇一八

よき人のよしとよく見てよしと言ひし吉野よく見よよき人よく見

天武天皇　巻一、二七

声に出して読んでみると、巧みで機知に富んでいる響きです。

さて、平安時代の『古今和歌集』仮名序は、すべての生き物の声は歌で、和歌は人の心の想いが言葉にあらわれたものであると表明し、その優れた力を讃えています。少し長いですが、引用します。

やまと歌《うた》は、人の心を種《たね》として、万《よろづ》の言《こと》の葉《は》とぞ成れりける。世中《よのなか》に在る人、事《こと》、業《わざ》、繁《しげ》きものなれば、心に思ふ事を、見るもの、聞くものにつけて、言ひ出《いだ》せるなり。花に鳴く鶯《うぐいす》、水に住む蛙《かはづ》の声を聞けば、生きとし生けるもの、いづれか、歌を詠まざりける。力をも入れずして、天地《あめつち》を動かし、目に見えぬ鬼神《おに》をも哀《あは》れと思わはせ、男女《おとこをむな》の仲をも和らげ、猛《たけ》き武人《もののふ》の心をも慰むるは、歌なり。

江戸時代には、この序を茶化した、狂歌があります。

歌よみは下手こそよけれあめつちの動き出《いだ》してたまるものかは　宿屋飯盛

上手な和歌だと天地が動き出してしまうから下手で良い、とはおもしろい考え方です。

平安時代には宮廷貴族が詠み手の中心になり、和歌は歌うものというより、教養的文芸になりました。しかし、歌われなくなったかというとそうでもなく、披講《ひこう》や朗詠という形で、声に出して鑑賞されたようです。和歌の披講とは聞き慣れませんが、現代にも伝わる伝統的な作法で、まず歌の言葉を伝えるため一定の旋律で一句ずつゆっくり読み上げられ、次に節をつけて朗唱されます。伴奏はありません。披講での和歌を初めて聴いたのはCD（『和歌を歌う　歌会始と和歌披講』付属）でしたが、デッキから突然晴れやかに流れ出てきた男性の声は、太い一本の声の線がすっくりこちらへ伸びてきたようで、思わず本から目を上げて、「これは何だ？」とスピーカーをまじまじ眺めてしまいました。簡素で晴れ晴れとした独特の節はとても新しい感じがしました。朗詠は、もとは漢詩文に節をつけて吟じられていたものだそうですが、有名な詩句を龍笛、篳篥《ひちりき》、笙といった伴奏で高らかに歌うものです。

また、歌うのとは少し異なりますが、和歌は中世になると、神仏習合の修験《しゅげん》道《どう》などと結びつき、まじないの歌として唱えられるようにもなります。万葉時代以降は、和歌は庶民からイメージから遠ざかるものの、歌う和歌の流れはむしろこちらで息づいていたようで、たとえば、七五調四句や八五調四句の定型が代表的な今様がおさめられた『梁塵秘抄《りょうじんひしょう》』は、民間で歌われていた流行歌謡を集めたものです。白拍子や遊女たちが、こうした歌謡の担い手の中心でした。

さて、思わぬところで現代でも、よく歌われている和歌があります。それは「君が代」(もとは『古今和歌集』巻七の賀歌)です。ふだん多く耳にするのは吹奏楽の伴奏という、考えてみれば和歌に対して斬新なスタイルです。近年、大きなスポーツの試合の前などに、歌手が伴奏なしで独唱するようになったのはいつの頃からでしょうか。

― ちちんぷいぷい まじない ―

まじないは、俗信や迷信ともとらえられますが、科学や医療の発達していなかった昔、生活の中で切実な問題を抱えた時には精神面の安心のよりどころでもありました。

呪文というと、陰陽師や山伏が唱えるような秘術が連想されますが、まじないはどうでしょう。この二つの学術的な区別はさておき、感覚的に呪文とまじないは少し異なっているような気がします。まじないはどちらかというと、修行を積んだ専門職が行うというより、誰でもできる簡単なイメージがあります。呪文は、意味のわからない神秘的な唱えごとであればあるほど、大きな術の効力が期待されますが、まじないの方は、唱えごとの意味が比較的わかりやすく、ルールのような決まった動作がつきもので、俗信迷信といわれようと、庶民の文化として生活に結びついている感覚があります。

さて、身近なまじないといえば、どのようなものがあるでしょうか。子どもの頃、転んだりした時には「ちちんぷいぷい、痛いの痛いの飛んでゆけ」と撫でさすってもらったこと、約束する時には、互いの小指を絡ませ「指きりげんまん、嘘ついたら針千本飲ます。指きった」と歌ったこと、誰かが汚いものに触ってしまった時には、「えんがちょ、きった！」と、悪いものとの縁を切るまじないをしたことを思い出します。えんがちょは仏教用語の「因果《いんが》の性《しょう》」に由来するといわれています。

唱えられるまじないは、大抵リズミカルです。歌のようなまじないといえば、現代では七草が代表的なものでしょうか。

せり・なずな・ごぎょう・はこべら・
ほとけのざ・すずな・すずしろ・これぞ七草

お正月七日に無病息災を祈って七草粥を食べる習慣は平安時代にも記録が残されており、中国から伝わった風習です。「七草なづな、唐土の鳥が、日本の国に、渡らぬ先に」などと歌うように繰り返し唱え、まな板の上にのせた七草を、包丁でトントンと拍子をとりながらにぎやかに囃すようになったのは、室町時代末期からの民間風習だといわれ、疫病を運ぶ象徴と考えられていた鳥を追う意味があります。

七日・七草・七七調という、数字の繰り返しと言葉のリズムそのものも、ま

七草なづな
唐土の鳥が
日本の国に
渡らぬ先に

じないの効力を引き出すもののように思われます。これも地域によって多少の違いがあるのでしょう。たとえば、城南宮（京都）の七草粥の唱え歌には、末尾に「テッテッテロロ」と鳥の鳴き声を真似したものといわれる言葉を入れ、いっそうリズミカルです。

なお、はやすのは「囃す」だと思っていましたが、おめでたいお正月に「刻む」という言葉を避けて「生《は》やす」あるいは「栄《は》やす」ことで、良いことを増やすという祝いに転じているともいいます。また、果物の「梨」を「ありの実」と言ったり、干しイカの「するめ」を「あたりめ」と言ったりするのも音の意味の問題で、「無し」を「有り」に、「掏《す》る」を「当たり」にと、悪い意味の言葉を避け、同音異義で反対の良い意味に言い換える忌み言葉です。鏡開きも「切る」を「開く」に言い換えていて、大人の世界でも大真面目に言葉のまじないが受け継がれています。

逆に、あえて意味のよくない言葉を使う場合もあります。たとえば、あくびやくしゃみをすると魂が抜け出るという俗信があります。英語圏では、誰かがくしゃみをすると"(God) Bless you!"(神のご加護を)とフォローしますが、日本の場合、古くは「くさめ」と唱えました。『徒然草』(四十七段)には、「くさめ、くさめ」と唱え続ける尼僧の話が出てきます。尼君は、自分の育てた若者が、自分がそばにいない間にくしゃみなどをして魂が抜け出してしまわないよう、用心のためにまじないの言葉「くさめ」を唱え続け、同道する兼好がその情愛に感心しています。

この「くさめ」のまじないの意味について、民俗学の分野では、くさめの語源は、長寿を祈る「休息万命急々如律令《くそくまんみょうきゅうきゅうにょりつりょう》」の訛りや「休息万病《くそくまんびょう》」の早口といった説と、(ちょっと失礼!)「糞はめ(くそ食らえの意)」という説があるようです。常光徹(民俗学者・口承文芸研究者)によれば、沖縄のくしゃみの昔話にも、子どもを狙う悪い霊に対し「クスクェー(糞食らえ)」と、強烈な反発の言葉で対抗して守ったというものがあるということです(『伝承文化の展望』所収)。

また、アイヌの諺《ことわざ》では、「魔は言われたとおりに信ずる」といい、赤ちゃんがくしゃみをした時、風邪の神から守るため唱えるまじないがあるといいます。

どの地方も似たようなものですが、次に挙げたのは千歳地方版です。

seta-si ay kotachi　犬の糞　赤ん坊に塗りつけた
pene-si ay kotachi　べた糞　赤ん坊に塗りつけた
知里真志保編著『知里真志保著作集二』(平凡社)

すると、それを信じた風邪の神は、汚いので近寄らなくなるというわけです。防御的(塗りつけた)にしても、攻撃的(食らえ)にしても、唱えごとで、言葉の力を強く発揮するまじないだと思います。

花部英雄(伝承文学・口承文芸研究者)によると、よく知られた百人一首の歌は多くまじないに利用されており、たとえば、在原業平《ありわらのなりひら》の「千早振《ちはやぶ》る神代《かみよ》もしらず龍田川《たつたがわ》からくれなゐに水くぐるとは」は、糸のもつれを解くまじないで、ほかにも、血止め、虫除け、川渡りなどずいぶん幅広く唱えられ、利用されました。

昔話「わらびの恩」では、蛇に会ったら「蛇蛇茅萱《ちがや》畑に昼寝して蕨《わらび》の恩顧忘れたか」と唱えると蛇は去っていくことになっています。

まじないは韻を踏んだものばかりではありませんが、韻律がとても印象的なものには、次のようなものがあります。

〈血止めのまじない〉
血の道は父と母との血の道よ血の道留めよ血の道の神

〈夜道を歩く時のまじない〉
狐きりきり道を切らばわしも切るきりきり清水さっととどまれ
アビラウンキン　ソワーカ

また、口で唱えるまじないは、同音語・掛詞が多く利用されているといい、修験道《しゅげんどう》の呪歌には、和歌中の「犬」が「いぬ」（＝去ぬ）、「病む」が「止む」、「菊」が「効く」など、暗示と転読が見られるという指摘もあります（H・O・ロータモンド『和歌とウタの出会い』所収)。

余談ながら、参拝の柏手にも、音で清めるという意味があるといいますが、境内で砂利を踏みながら本殿へ進む時の、ジャリジャリという音は「邪離」に通じるというのは、このような感覚から生まれたのでしょうか。ともあれ、これらも音によるまじないの一種といえるでしょう。

まじないの起源はインド、中国の習俗と関わりがありますが、それが日本人の言語や音に対する感性の中で変化し文化に根付きました。文献にも残りにくい庶民の文化なので、いつの頃からのものかわからないもの、地域によるもの、いつの間にか消えていったものもあります。しかし、このような口で唱えるまじないが、近代になって、科学により迷信と退けられるまで、脈々と日常生活の中で生き続けてきた背景には、言霊信仰がありました。

―言葉の力が現実を動かす　呪文―

呪文は、災いを取り除き、良い方へ転換するためのものです。けれど、「呪い」も意味するためか、あまり穏やかな言葉ではありません。その言葉からして既に、不穏な力を持っているかのようです。それは現代人の私たちも、呪文の中に封じ込められた力を感じるからかもしれません。

古来日本では、言葉には魂があり、特別な力が宿ると考える言霊信仰がありました。このような考え方は日本を含め、世界に広く見られますが、あらゆる万物に神々が宿るというアニミズム的な思想を持つことと深く関係しているのでしょうか。

『万葉集』には、大和の国を讃え「言霊《ことだま》の幸《さき》はふ国」、つまり言霊の力により豊かに栄える国という意味の和歌があります。

……大和《やまと》の国は皇神《すめかみ》の厳《いつく》しき国言霊の幸はふ国と語り継ぎ言ひ継がひけり……
山上憶良　巻五、八九四

磯城島《しきしま》の大和の国は言霊の助《たす》くる国ぞま幸《さき》くありこそ
柿本人麻呂　巻十三、三二五四

一方、それより古い『日本書紀』の神代巻《じんだいい》では、天孫降臨に先立つ、葦原中国《あしはらのなかつくに》が平定されるまでの状態を、次のように記しています。

多《さは》に蛍火《ほたるび》の光《かがや》く神、及び蠅聲《さばえな》す邪《あ》しき神有り、復草木《またくさき》咸《ことごとく》に能《よ》く言語《ものいふこと》有り。

古代以前には、「邪霊から草木に至るまでそれぞれの精霊が、がやがやぶつくさ不平不満を申し立てていた」というわけです。弥生時代から『万葉集』が成立した時代まで約千二百年あり、万葉の時代から現代までに匹敵するくらいの長い年月があった、と指摘する谷川健一（民俗学者）は、古代以前の言霊（言葉）がもともと攻撃的だったという長い時代を経て、『万葉集』の収録歌にみえるように、草木は「言問はぬ」時代になったといいます（『古代歌謡と南島歌謡』）。そうして後、やっと「言霊の幸ふ国」になったと考えると、学校で学んだこととはひと味違う歴史のおもしろさを感じます。

万葉の時代には国見といって、小高い山などに登り、土地を誉める風習があったそうです。たとえば「……うまし国そ　蜻蛉島《あきづしま》　大和の国は」（『万葉集』巻一、二）で知られる舒明天皇の国見歌のように、現実のこととして（具現の期待を込め）誉めることで、言葉の力によって邪しき地霊などを封じているのでしょうか。

言霊を信じるからこそ、祈りや呪文が生まれます。言祝《ことほ》ぎ、祝詞、祭文、まじない、呪い、呪詛などはすべて、言葉の持つ霊力によって、悪しきものに対抗して守護したり、攻撃したり、祈願の成就や祝福をしたりするものです。さらには護符や魔除けの札などが用いられ、言霊は音だけではなく文字にも宿ると考えられていたのでしょう。

自然のもたらす豊かさと、一方でその厳しさとも隣合わせの人々は、人知の及ばない超自然的な力に対し、古くから神に祈り、仏に加護を願ってきました。神道の祝詞、仏教や修験道《しゅげんどう》の山伏の加持祈祷、陰陽師の秘法、また神降ろしや降霊を行う沖縄のユタやカンカカリヤー、東北地方のイタコの祭文などのほか、ひいては民間信仰や俗信などに見られるように、言霊信仰はあらゆる階層に及び、宗教的にも幅広い分野で言霊の力を用いた唱えごとが生み出されています。

学生時代、春日大社の巫女修行《みかんこ》コース（一般参加可）で、夜に社殿で大祓詞《おおはらえのことば》を奏上したことがあります。広大な春日の森に抱かれた社の周りは、街のざわめきや交通の喧噪《けんそう》も届かず、濃い闇が広がっています。社の中には、人影を映し出す燭台の灯りが一つだけともされ、あたりはしんと静寂に包まれています。やがて先導の神職さんの朗々とした声がおもむろに響き渡り、唱和の声が続いていきます。闇の静けさの中では、ことさら唱えられる声のみの存在が大きく感じられます。声が内外に満ちていくに従って、ほのかな灯りに照らされた自分たちのいる小さな空間がだんだんと開けていくように感じられました。

祝詞《のりと》は声をしっかり出し、詠むように音の切れ目なく続けていきます。梵語や漢語が多く含まれるお経の響きとは異なり、耳に優しい響きで、ところどころ意味がわかる部分もあるのですが、音読すると全文は結構長いものです。その中で、好きなくだりというと不謹慎なのですが、唱え心地が良い部分がありました。

……かく依さしまつりし国中《くぬち》に、荒ぶる神等《かみたち》をば神問《かむと》はしに問はしたまひ、神掃《かむはら》ひに掃ひたまひて、語問《ことと》ひし磐根樹根立草《いはねきねたち》の片葉《かきは》をも語止《ことや》めて……

神《かむ》の語のリフレインや、「神問はしに問はし」「神掃ひに掃ひ」といった押韻・音韻が効果的です。祝詞といえば「祓え給え清め給え」のように対になった句の印象がありますが、このような箇所がこのほかにも結構あります。ちなみに谷川健一はこの葦原中国平定の部分について、「言《こと》向け」といって、「言問ふ」相手を言葉によって服従させ、「語止め」（沈黙させること）を意味しているという解説しています。

さて、時代が遥かに下った現代人にとって呪文とは、魔法使いやマジシャンの使う掛け声の「アブラカタブラ」や「ビビデバビデブー」などといった外国のものも連想されます。この「アブラカタブラ」は、アラム語の熱冷ましの呪文に由来するそうですが、言葉の意味がわからないからこそ、神秘的に感じる唱えごとという感覚もあると思います。

この感覚は、かつての一般庶民の真言・陀羅尼《だらに》と同じようなものでしょうか。たとえば、密教の「唵《おん》　阿毘羅吽欠《あびらうんけん》　蘇婆訶《そわか》」など、「成就あれ、功徳あれ」という意味を知らずに外国語のように唱えても、言葉が何かを力強く成就させそうです。

子どもの頃に、テレビや映画の時代劇などを見ていて、山伏が額に汗を浮かべ数珠を揉み鳴らし、「南謨　三曼多（の〜まく　さまんだ〜）」を激しく祈る場面や、忍者が素早く「臨・兵《ぴょう》・闘・者・皆・陣・烈・在・前！」と印を結ぶ場面、「羯諦《ぎゃあてい》　羯諦《ぎゃあてい》　波羅羯諦《はらぎゃあてい》」と唱えるお坊さんの太い声などに心惹かれたことがあります。意味はわからなくても、なにか圧倒的な不思議な力を持った響きに思えたのは原始の響きに近かったからでしょうか。

思えば、民話や昔話にも呪文は登場していました。「花咲爺」の「枯れ木に花を咲かせましょう」は言霊で不可能を実現させたようなものです。さるかに合戦の「早く芽を出せ柿の種、出さぬと頭をちょんぎるぞ」は、成木《なりき》責めという農耕習俗の一コマですが、やはり言霊による脅しです。成木責めは、果物の木の幹に刃物を当てて、「成るか成らぬか　成らねば切るぞ」などと脅し、木になり代わった者が「成ります、成ります」と返答し、実りを予祝する行事です。

言霊の力付けをして唱えること、つまり呪文やまじないは振動である音や声と大きく関わっていました。言葉に出して言ったことは、現実を動かす力があることは現代のビジネス書にも書かれています。言霊という何かを動かすための言葉が、一方で文学になったように、言霊の音が連なり、歌となり旋律を伴って心を動かすものが、歌曲・芸能・音楽になったといえるでしょう。

このように、私たちは日常生活の中から娯楽、芸能まで、実に多くの豊かな音の文化を受け継いできました。古来、伝えられてきた言霊の力・音の魂をより深く感じ、それらのより良い受け手・担い手でありたいと願っています。

おわりに

私が子どもの頃、ピアノの上にレコード会社のトレードマークである陶製の犬の人形が置いてありました。おとなしそうな犬で、少し首を傾《かし》げたその姿は何かを聴こうとしているようにも思え、それが何なのか気にかかり、その人形を持ち出しては家のあちこちに置いて、いろいろな音を聞かせてみました。

大人になった今、私は自分自身があちらこちらに行き、さまざまな日本の文化に出会い、古典文化の音に耳を澄ませています。それは音であったり、音曲であったり、言葉であったりしますが、それが伝えられてきた歴史の長さや、伝えてきた人々の営みと文化の豊かさに想いを馳せるとき、深い感動を覚えています。

それと同時に、なぜその音をそうとらえたかという、日本人の音や言葉の感性にも興味が尽きません。現代の私たちがおもしろいと思う言葉や音は、平安の人々と共有しているのでしょうか。言葉の遊びの感覚は、戦国武将たちの感性と似ているのでしょうか。江戸の物売りの声になぜか心惹かれるのは、その時代に往来に飛び出す子どもと同じ気持ちになるからでしょうか。

日本人は誰でも古くから伝わる文化の感性の種を、日常生活の中で自然に育んでいるのではないかと思います。まるで彼方からの声に耳を傾けるかのように、日本人は雨の音や風の音、葉ずれの音や、高い空で鳴く鳥の声を耳にするとき、いにしえの人々と変わらない感受性をひらめかせて音をキャッチすることができます。

伝統音楽や古典芸能というと、古くいかめしい印象があるかもしれませんが、それらを難しい特別なものととらえずに、私たちに伝えられた「恩寵《おんちょう》」のようなものとして受けとめたいと私は思います。予備知識のあるなしに関わらず、まずは出掛けて行って、見てみること、聞いてみること、感じてみることをお勧めします。そうすれば、自分自身の中に備わっている、まだ眠っているだけの、古い歴史を持つ感性が呼び覚まされ、自分も知らなかった新しい感動を得ることができるでしょう。

良い音に出会い、心躍るひとときに恵まれますように。

このつたない文章に耳を傾けていただき、本にする機会をあたえてくださった関係者の皆様に深く感謝いたします。また、この本に興味を持ち、お付き合いいただいた読者の皆様にも心から感謝を申し上げます。

二〇一四年八月　谷本聡美

◉主な引用・参考文献

三千院公式ホームページ（二〇一〇年当時） http://www.sanzenin.or.jp
『森銑三著作集 続編 第十三巻』森銑三（中央公論社・一九九四年）
『古典落語全集』富田宏編（金園社・一九七四年）
『山椒大夫・高瀬舟 他四編』森鴎外（岩波書店・二〇〇二年）
『知里真志保著作集2』知里真志保編著（平凡社・一九九三年）
『伝承文化の展望 日本の民俗・古典・芸能』福田晃監修（三弥生書店・二〇〇三年）
『昔話と呪歌』花部英雄（三弥井書店・二〇〇五年）
『古代歌謡と南島歌謡』谷川健一（春風社・二〇〇六年）
『和歌とウタの出会い 和歌をひらく 第四巻』
浅田徹、勝原晴希、鈴木健一、花部英雄、渡部泰明編（岩波書店・二〇〇六年）
『音の万葉集 高岡市万葉歴史館論集5』高岡市万葉歴史館編（笠間書院・二〇〇二年）
『和歌を歌う―歌会始と和歌披講』財団法人日本文化財団編（笠間書院・二〇〇五年）
『四季のことば辞典』西谷裕子（東京堂出版・二〇〇八年）
『暮らしのことば 新語源辞典』山口佳紀編（講談社・二〇〇八年）
『暮らしのことば 擬音語・擬態語辞典』山口仲美編著（講談社・二〇〇三年）
『新編川柳大辞典』粕谷宏紀編（東京堂出版・一九九五年）

『狂歌川柳表現辞典』大岡信編（遊子館・二〇〇三年）
『日本人の脳―脳の働きと東西文化』角田忠信（大修館書店・一九七八年）
『続日本人の脳―その特殊性と普遍性』角田忠信（大修館書店・一九八五年）
『日本音楽の美的研究』吉川英史（音楽之友社・一九八四年）
『日本の音を聴く』柴田南雄（青土社・一九八三年）
『空と海と大地をつなぐ　雨の事典』レインドロップス編（北斗出版・二〇〇一年）
『移ろいの風景論―五感・ことば・天気』小林享（鹿島出版会・一九九三年）
『まつり―民族文化の素型』萩原秀三郎（美術出版社・一九八六年）
『能―神と乞食の芸術』戸井田道三（せりか書房・一九七四年）
『黒御簾音楽の内から―日本音楽の舞台裏』西川浩平（ヤマハミュージックメディア・二〇〇四年）
『雅楽　千三百年のクラシック』上野慶夫（富山新聞社・二〇〇三年）
『邦楽おもしろ雑学事典』西川浩平（ヤマハミュージックメディア・二〇〇三年）
『図説　江戸大道芸事典』宮尾與男編著（柏書房・二〇〇八年）
『江戸行商百姿』花咲一男（三樹書房・二〇〇三年）
『彩色江戸物売図絵』三谷一馬（中央公論社・一九九六年）
『知ってるようで知らない　邦楽おもしろ雑学事典』西川浩平（ヤマハミュージックメディア・二〇〇三年）
『カラー図解　和楽器の世界』西川浩平（河出書房新社・二〇〇八年）

『おもしろ日本音楽の楽しみ方』釣谷真弓（東京堂出版・二〇〇二年）
『おもしろ日本音楽史』釣谷真弓（東京堂出版・二〇〇四年）

◉参考にした公演など

「筑前琵琶が奏でる『平家物語』」（長楽寺・二〇〇九年五月四日）
名月管弦祭〈管弦・舞楽他、芸能〉（下鴨神社・二〇〇九年十月三日）
「町かどの藝能」おさだ塾公演（京都相国寺北門前・二〇〇九年十月二十四日）
八坂神社〈舞楽〉（二〇〇九年十一月三日）
「天台声明の夕べ」（京都府民ホール・二〇〇九年十一月四日）
「鳴物（小鼓・大鼓・太鼓・笛）を通して味わう歌舞伎の音楽」（京都女子大学公開講座・二〇〇九年十一月七日）
火焚祭〈御神楽〉（伏見稲荷大社・二〇〇九年十一月八日）

＊本書は、音と言葉に興味を呼び起こすエッセーとして書かれたものです。したがって、便宜上、典拠を省いているところもあります。また、文中の古典の引用については、岩波古典文学大系のほか各種活字

本に拠りました。読みやすさを考慮し、一部文字遣いなど変えている箇所がありますことを付記致します。なお、お名前の敬称は省略させていただきました。各公演、各研究成果を参考にさせていただきましたことを、この場を借りて感謝申し上げます。

本書は二〇一〇年九月小社より刊行された『ときめく日本語手帖—ため息がでるほど美しい日本語手帖—』を文庫化したものです。

著者

谷《たに》本《もと》聡《さと》美《み》

1976年、広島県出身。広島大学大学院文学部修士課程修了。江戸文学、近松浄瑠璃などを研究。現在は京都在住。伝統文化を題材にフリーランスのイラストレーターとして活動中。イラスト・挿絵に、熊野古道曼荼羅コンテスト出品作、『ドラム&リズム今昔物語』(谷本成輝著、株式会社プリズム)、第二回木版画ルネサンスカードデザイン賞優秀作「のれんに牡丹」、児童文芸絵本ギャラリー出品作「ちいさいかにさん」、東山図書館・まち歩きマップ、ぽち袋シリーズなどがある。

1冊でわかるポケット教養シリーズ

美しい日本の言葉と音

2014年 9 月15日 初版発行
2022年12月20日 第 2 版発行

著　者 —— 谷本聡美
発行者 —— 堤 聡
発行所 —— 株式会社ヤマハミュージックエンタテインメントホールディングス
ミュージックメディア部
〒171-0033 東京都豊島区高田3-19-10
電話 03-6894-0250（営業）

インターネット・ホームページ https://www.ymm.co.jp

挿　画 —— 谷本聡美
装　丁 —— 市川衣梨
本文デザイン —— 村上佑佳
制　作 —— 青木義和
編集担当 —— 吉田三代（株式会社ヤマハミュージックエンタテインメントホールディングス）
印刷・製本 —— シナノ印刷株式会社

ISBN978-4-636-90929-6